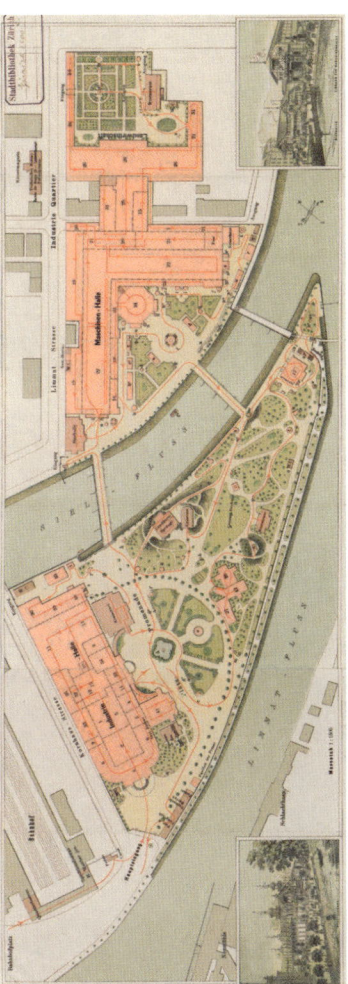

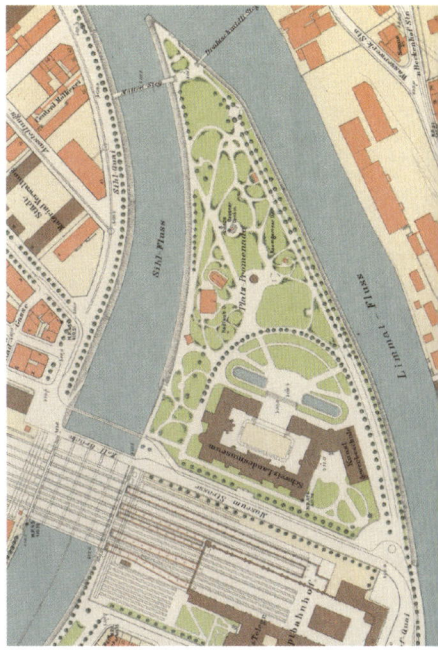

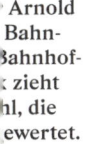
Arnold
Bahn-
Bahnhof-
zieht
hl, die
ewertet.

1899
Das Schweizerische Landesmuseum steht nun am Platz der Ausstellungshalle von 1883, eine breite Treppe führt vom Museumshof in den Park.

1883
Für die Schweizerische Landesausstellung erstrahlt der Platzspitz in neuem Glanz, Ausstellungsarchitekturen schmücken die Anlage.

NZZ **LIBRO**

Grün Stadt Zürich (Hrsg.)

Platzspitz
Insel im Strom
der Zeit

Mit Beiträgen von
Adi Kälin
Judith Rohrer
Daniel Kurz

Fotografie
Giorgio von Arb

Verlag Neue Zürcher Zeitung

Der Dank geht an: Martin Leonhard für seine Recherchen, Esther Fuchs vom Baugeschichtlichen Archiv der Stadt Zürich für die Beschaffung eines Grossteils der Bilder.

Bibliografische Information der Deutschen Nationalbibliothek

Die Deutsche Nationalbibliothek verzeichnet diese Publikation in der Deutschen Nationalbibliografie; detaillierte bibliografische Daten sind im Internet über http://dnb.d-nb.de abrufbar.

© 2016 Verlag Neue Zürcher Zeitung, Zürich

Komplett überarbeitete, um zwei Gastbeiträge erweiterte und ergänzte Neuauflage von «Der Platzspitz: Chronik eines Gartendenkmals», einer Broschüre des Gartenbauamts der Stadt Zürich aus dem Jahr 1995.

Stadt Zürich
Grün Stadt Zürich

Herausgeberin: Stadt Zürich, Grün Stadt Zürich, www.stadt-zuerich.ch/gsz
Konzept: Judith Rohrer, Lukas Handschin
Fotos: Umgebungsbilder, neu aufgenommen von Giorgio von Arb
Gestaltung und Satz: Thomas Bruggisser, Zürich
Bildbearbeitung: Humm DTP, Matzingen
Druck, Einband: Kösel GmbH, Altusried-Krugzell

Das Quellenmaterial stammt überwiegend aus dem Stadtarchiv Zürich, dem Baugeschichtlichen Archiv der Stadt Zürich und der Zentralbibliothek Zürich.

Der Dank geht an: Martin Leonhard für seine Recherchen, Esther Fuchs vom Baugeschichtlichen Archiv der Stadt Zürich für die Beschaffung eines Grossteils der Bilder.

ISBN 978-3-03810-179-6

www.nzz-libro.ch
NZZ Libro ist ein Imprint der Neuen Zürcher Zeitung

Zum Geleit —— 6

Dichter, Träumer und Fabriken —— 15

Der Platzspitz – Chronik eines Gartendenkmals —— 27

Allmend und Schützenplatz, im Mittelalter verankerte Nutzungen —— 29

Promenade und Lusthain, Hochblüte im 18. Jahrhundert —— 37

Bahnhof und Gasfabrik, Einschnitte der Industrialisierung —— 49

Landesausstellung und Landesmuseum, Neulancierung des Parks —— 59

Das 20. Jahrhundert bis zum Tiefpunkt der offenen Drogenszene —— 81

Restaurierung und partielle Neugestaltung 1992/93 —— 95

Erweiterung des Landesmuseums als jüngster Gestaltungsbeitrag —— 101

Dunkle Krone – Der Erweiterungsbau —— 105

Wonderland —— 115

Anhang —— 126

Zum Geleit

Der Platzspitz ist eine der ältesten öffentlichen Parkanlagen Zürichs. Seit Jahrhunderten prägt die Insellage ihre Gestalt und ihre Nutzung. Die Eröffnung des erweiterten Landesmuseums nehmen wir zum Anlass, dem Platzspitzpark eine Publikation zu widmen. Wer sie liest, erlebt eine Zeitreise und unternimmt einen Rundgang durch die heutige Anlage.

Verschiedene Phasen der Parkentwicklung sind heute noch sichtbar. Die Spuren erzählen von der ursprünglichen Nutzung als Weideland, den gestalterischen Anfängen mit den uferbegleitenden Alleen, dem spätbarocken Lusthain, der Zäsur durch den Bau des Bahnhofs und dem Neustart mit der ersten Schweizerischen Landesausstellung sowie dem Landesmuseum.

Der 2016 eröffnete Erweiterungsbau des Museums schreibt die Geschichte des Ortes fort. Dabei ist auch die Verdichtung der Stadt ein Thema. Die reich dokumentierte Geschichte der Platzspitzanlage offenbart nebst dem gartenkulturellen Wert auch die gesellschaftliche Bedeutung, die öffentliches Grün im Leben einer Stadt einnimmt.

Diesen grünen Inseln im Stadtraum, die schon Generationen vor uns erfreuten und inspirierten, tragen wir Sorge, damit sich auch unsere Nachkommen hier einfinden und mitten in der Stadt erholen können.

Filippo Leutenegger
Stadtrat

Adi Kälin

Dichter, Träumer und Fabriken

1
James Joyce, 1938 beim Zusammenfluss
von Sihl und Limmat, aufgenommen von
Carola Giedion-Welcker. Das Geländer,
an das sich Joyce lehnt, wurde beim Bau des
Wehrs zu Beginn der 1950er-Jahre durch
eine gemauerte Kanzel ersetzt.

Dastehen wie James Joyce auf dem berühmten Bild aus dem Jahr 1938: Elegant gekleidet mit Anzug und Weste, die Beine verschränkt, leicht nach hinten gelehnt ans Geländer, mit den Armen so aufgestützt, dass man die Hände nicht mehr ganz in die Hosentaschen stecken kann. Hinter dem Rücken fliessen Sihl und Limmat zusammen, der Blick richtet sich zurück zum Platzspitz und zur Stadt. So lässt man sich fotografieren am Bug des Schiffes, wenn die Kreuzfahrt schon einige Tage dauert und man die Aussicht allmählich kennt. James Joyce hielt sich immer gern an diesem speziellen Ort auf, weil er ihn an seine irische Heimat erinnerte. Vielleicht liess er sich hier aber auch für sein Werk inspirieren, wie viele Dichter und Schriftsteller vor und nach ihm.

Limmatstadt und Sihlstadt

Das Geländer gibt es nicht mehr, dafür ein Mäuerchen rings um den «Bug», auf das man sich setzen und über die bewegte Geschichte des Orts und den Wandel der Zeiten sinnieren kann. Zur rechten und linken Seite sind die Flüsse angeschrieben: «Ljmmat» hier, «Sjhl» da. Was besorgte Bürger bei den städtischen Behörden gern als Druckfehler melden, ist mit Bedacht gesetzt – ersonnen vom Künstlerpaar Hannes und Petruschka Vogel als Hommage an James Joyce. Wer genauer hinschaut, entdeckt Müsterchen von dessen Sprachspielereien auf der Mauer: «Yssel that the Limmat» etwa, was in der Sprache der Flüsse in *Finnegans Wake* heissen soll: Isn't that the limit. Immer wieder stösst man ja in seinen unbändigen Werken auf Zürcher Anklänge; das «Sexaloitez» in vielen Varianten und natürlich die «Sillypost». Von 1915 bis 1919 lebte James Joyce in Zürich. Später zog es ihn immer wieder zurück, um Freunde zu besuchen oder sein Augenleiden behandeln zu lassen. Er starb nach einer Operation im Jahr 1941 und wurde auf dem Friedhof Fluntern begraben.

Das Platzspitz-Schiff war bis weit ins 19. Jahrhundert hinein auch eine Insel. «Von Natur eine halbe, durch die Kunst aber eine vollkommene Insel», konnte Johann Conrad Faesi 1765 in seiner *Staats- und Erd-Beschreibung der ganzen Helvetischen Eidgenossenschaft* noch schreiben. Tatsächlich floss damals noch der verästelte Sihlkanal von der Sihl zur Limmat und schnitt so den Platzspitz-Zipfel von der alten Stadt Zürich vollständig ab. Schon Faesi schwärmte in den höchsten Tönen von der schönen Lage zwischen den beiden Flüssen: «Auf welche Seite das entzükte Auge herumirret, erblikt es die reizendsten Gegenstände, mit Majestät und Schönheit geparet, in immer aufs angenehmste veränderten Gestalten.» Und er beschrieb auch schon, wie unterschiedlich die beiden Flüsse sind. Auf der einen Seite die träge dahinfliessende Limmat, auf der anderen der «reissende Wald-Fluss» Sihl, der immer wieder an Dämmen, Mühlen und Kanälen grossen Schaden anrichte. Allerdings habe die Sihl auch ihre «grosse Nuzbarkeit», indem die im Sihlwald gefällten Bäume als Brennholz «bis in die Vorstadt, und allernächst an die Vestungswerke» geflösst werden könnten.

Zürich ist die Limmatstadt, aber sie ist eben auch die Sihlstadt. Hugo Loetscher (1929–2009) hat die Geschichte der beiden so unterschiedlichen Flüsse wohl am anschaulichsten beschrieben, da und dort in seinem Roman *Die Kranzflechterin*, konzentriert aber in einem 1981 in der NZZ erschienenen Artikel mit dem Titel «Die

Sihl, der mindere Fluss». Für Loetscher, der in Aussersihl gross wurde, lag Zürich am anderen Ufer. Grossmutter und Mutter kauften normalerweise in der Arbeitsschürze ein. Wenn sie aber über die Brücke in die Stadt gingen, setzten sie den Hut auf. Und der kleine Hugo musste sich ein zweites Mal waschen, weil in Zürich alle Leute saubere Ohren hatten.

Die Sihl ist der wilde Fluss, von dem man gebührend Abstand zu halten hatte. Die Sihl ist aber auch der geschundene Fluss, in deren Bett man beispielsweise die Säulen für einen Autobahnzubringer rammte. Als Knabe sinnierte Hugo Loetscher, wie schön es doch wäre, wenn die Sihl, wenn sie unter dem Hauptbahnhof durchfliesst, gar nicht mehr auf der anderen Seite auftauchen, sondern zum Beispiel einen Zug erster Klasse ans Meer nehmen würde. Doch sie taucht wieder auf und darf, entlang des Platzspitzes, noch einmal Fluss sein, bevor sie dann von der «gelangweilteren, doch die Richtung bestimmenden Limmat» allmählich verschluckt wird. Bei Unwettern ist die Sihl schmutzig und treibt Äste, oft ganze Baumstämme mit sich. Dann sieht man, wie Sihl und Limmat eine Zeit lang nebeneinander herfliessen, «als kämen die beiden Flüsse mit nur einem Bett aus», wie Hugo Loetscher schrieb. Dasselbe beobachtete der Schriftsteller später beim Zusammenfluss von Rio Negro und Amazonas, nur dass dort der saubere Rio Negro im schmutzigen Amazonas aufgeht: «Seither ist die Sihl für mich ein kurzlebiger Amazonas und der Amazonas eine grosse, siegreiche Sihl.»

Erinnerungen an den «Needle Park»

Der Platzspitz ist ein Ort der Träume, aber auch ein Ort der Erinnerungen. Die Bilder der offenen Drogenszene zwischen 1986 und 1992 lassen sich kaum aus dem Gedächtnis bannen, und die vielen Fotos, die auch in Schwarz-Weiss nur schwer zu ertragen sind, wecken die Erinnerungen ans Drogenelend immer wieder von Neuem: Hunderte Gestalten, die über den Platzspitz schlichen, krochen, rannten. Arme und Beine voller Abszesse, in die dennoch Spritzen gestochen wurden. Der penetrante Uringeruch, die gehetzten Blicke. Die Behörden duldeten die offene Szene, um Schlimmeres zu vermeiden. 1992 wurde der Platzspitz überhastet geschlossen, die Szene verlagerte sich in den Kreis 5 und später auf das 1989 stillgelegte Letten-Bahnareal.

Ziemlich genau 150 Jahre früher wurde der Platzspitz zum Schicksalsort für Gottfried Keller. Nach der Rückkehr aus München war der Kunststudent zunächst hin- und hergerissen zwischen der Malerei und dem Schreiben. Im Sommer 1843, «nach Tagen des Nichtstuns», wandte sich der 24-Jährige dann aber immer mehr der Dichterei zu. Er schaffte sich ein Tagebuch an, weil er plötzlich überzeugt war: «Ein Mann ohne Tagebuch ist, was ein Weib ohne Spiegel.» Manchmal fällt ihm nicht viel Bedeutendes ein: «11. August: Nichts getan», oder: «14. August: Unter dem blauen Himmel herumgelaufen ... Im Kaffeehause vegetiert, Zeitungen gelesen.» Dann aber zieht es ihn auf einmal an jedem schönen Tag zum Platzspitz, wo er sich unter einen prächtigen, von Rosenhecken eingefassten Baum setzt und schreibt, wie sein Biograf Jakob Baechtold (1848–1897) weiss: «Mit dem vorbeirauschenden Wasser zogen auch die Verse heran.»

In den nächsten Jahrzehnten veränderte sich das Bild der Stadt Zürich vollständig.

Aus dem beschaulichen Städtchen wurde eine laute, lebendige und geschäftige Stadt. 1847 wurde der erste kleine Bahnhof eröffnet. Der Weg von dort zum Paradeplatz führte noch durch manche verwinkelte Gasse und über drei Kanäle. Erst für den Bau der Bahnhofstrasse wurde dieses Wirrwarr ab 1864 beseitigt. Der Sihlkanal verschwand, der Schanzengraben wurde verlegt, und grosse Teile der alten Stadtbefestigungen wurden abgerissen. Zeitgenossen erlebten die Umgestaltung als eigentliches «Erneuerungsfieber».

Fabriken trüben die Idylle

Spätestens seit den 1870er-Jahren dürfte es am Platzspitz auch nicht mehr sehr angenehm gerochen haben. Gleich gegenüber, zwischen Walche und Drahtschmidli, waren die Fabrikbauten von Escher-Wyss immer zahlreicher geworden – und damit auch die rauchenden Schornsteine. Ein wilder Mix aus alten Mühlen, Baracken und schlichten Industriebauten prägte das Bild. Maschinen, Turbinen und Schiffe stellte die Firma her. Um 1855 arbeiteten schon um die tausend Männer, Frauen und Kinder hier. Mitten in die Front der Fabrikbauten an der Limmat reihte sich 1863 noch ein grosses neues Schlachthaus ein, dem unter anderem eine «Kuttelsiederei» angegliedert war. 1878 folgte das Kraftwerk Letten, das zunächst als Pumpwerk für die Wasserversorgung diente. Die «Überschussenergie» wurde mit einer Transmissionsanlage über mehrere hundert Meter hinweg dem linken Sihlufer entlang flussaufwärts ins Industriequartier und ins Gelände für die Landesausstellung transportiert. Der Platzspitz war nun richtiggehend umzingelt von Industrieanlagen aller Art.

Im Jahr 1882 wurde die Gotthardbahn feierlich eröffnet, James Joyce kam auf die Welt, und Gottfried Keller zog an den Zeltweg, wo er einen ruhigen Lebensabend verbringen wollte. Er war nun 63 Jahre alt, hatte den grössten Teil seines Werks geschrieben und den Dienst als Staatsschreiber hinter sich. Doch die Hoffnung auf Ruhe erfüllte sich nicht: Der Zeltweg war zu einer lärmigen Vorortsstrasse geworden. Keller ärgerte sich zunehmend über die Unruhe und die Hektik seiner Zeit. Aber Zürich wollte der ganzen Schweiz zeigen, wie sich die Stadt in den letzten Jahren entwickelt hatte. Zu diesem Zweck wurde 1883 eine grosse Landesausstellung veranstaltet. Keller war ganz und gar nicht begeistert: «Seit dem 1. Mai 1883 ist eine sogenannte Landesausstellung in Zürich, die bis zum Oktober dauert und unendliches Volk aus allen Winkeln der Schweiz herbeizieht», schrieb er in einem Brief. Auf dem Platzspitz und auf dem heutigen Carparkplatz entstanden unzählige Ausstellungsgebäude.

«Ein Höllenspektakel»

Fünf Monate sollte die Ausstellung dauern, 600 000 Besucher wurden erwartet. Am Ende waren es 1 759 940. «Zweimal wöchentlich wird bis 10 Uhr im Parke concertirt und derselbe elektrisch beleuchtet.» Kellers Urteil fiel deutlich aus: «Ein Höllenspektakel!»

Dennoch hatte sich der Dichter zu einem «Geschäftchen» überreden lassen und eine Eröffnungskantate geschrieben, vertont von Friedrich Hegar (1841–1927), dem Tenor der Zeit entsprechend, ein Lob der Arbeit. «Eine wahre Perlenschnur von Gemeinplätzen» schrieb Gottfried Keller am 22. April 1883 an Johann Viktor Widmann.

2
Der Holzstich aus der zweiten Hälfte des 19. Jahrhunderts zeigt den Blick limmataufwärts Richtung Stadt. Direkt am Wasser liegt der 1864 erbaute Schlachthof. Der rauchende Kamin lässt den Gestank jener Jahre erahnen. Idyllisch mutet dagegen das limmatseitige Platzspitzufer mit seinen bis zum Wasser reichenden Baumkronen an.

3
Zeitgenössische Ansichtskarte, Poststempel 1903, mit Blick vom Platzspitz auf Unterstrass und das Schlachthaus am Limmatufer. Dahinter befand sich der Viehmarkt-Platz.

4
Undatierte Ansichtskarte einer Fotomontage mit Blick vom Sihlquai hinüber zum Landesmuseum und zur Museumsstrasse. Das Spottgedicht des Verschönerungsvereins Industriequartier zeigt, wie ungeduldig die Verbreiterung der alten Zollbrücke erwartet wurde, die 1907 erfolgte:

«Heil dir du Industriequartier
Drei schöne Brücken haben wir,
Ja Brücken aller Arten!

Bei dem Verkehr wird's wohl so geh'n,
Wie auf dem Bilde Ihr könnt seh'n,
Drum heisst's noch warten, warten!!!»

Dennoch wurde er vier Wochen nach der Ausstellungseröffnung mit einer goldenen Uhr für das Werk geehrt. Keller aber konnte den Ausstellungsmachern nicht verzeihen, dass sie einige schöne alte Bäume umgehauen hatten, um Platz zu schaffen für ihre Bauten. «Die Herren stiessen auf die Grobheit dennoch tapfer mit mir an und schrien hoch!» Er aber war so durcheinander, dass er sich «unter die Bäume verirrte und diejenigen Leute leben liess, welche die Bäume stehen lassen!»

Dem alternden Gottfried Keller schlägt die «Baumschlächterei» immer stärker aufs Gemüt und sie findet auch Niederschlag in seinem Werk, vor allem im Altersroman *Martin Salander*. Die Bäume sind für ihn Sinnbild für das private Glück, aber auch für den intakten liberalen Staat, dessen Bürger sich auszeichnen durch Arbeitsamkeit, Fleiss und Bescheidenheit. Doch nun verändert sich alles in rasantem Tempo – und für Keller keineswegs zum Guten. Einmal entrüstet sich Martin Salander darüber, dass man wegen einer unnützen Erschliessungsstrasse einen Hain mit grossen Bäumen bei einem Gartenrestaurant einfach umgeholzt hat – mit dem Nebeneffekt, dass sich kaum ein Gast mehr ins nunmehr fast schattenlose Lokal verirrt. «Das sind ja wahre Lumpen, die sich selbst das Klima verhunzen», ruft Salander aus – als wäre das Buch nicht 1886, sondern erst gestern erschienen.

Wie bei allen grossen Ausstellungen hätten die Zürcherinnen und Zürcher am liebsten alle Einrichtungen und Gebäude der Landesausstellung für immer behalten. Der Abbruch praktisch aller Bauten war aber beschlossene Sache. Immerhin wurde um 1900 das Landesmuseum genau an jener Stelle gebaut, wo zuvor die Industrie-

Halle gestanden hatte. In den 1970er-Jahren wälzte der Zürcher Verkehrsverein noch einmal Pläne für einen permanenten Vergnügungspark auf dem Platzspitz. «Während der Sommermonate sollten neben dem obligaten Budenbetrieb ein Bähnli, ein Riesenrad und ähnliches mehr im Park untergebracht werden», hiess es in der NZZ. Glücklicherweise aber seien die «Züripark»-Ideen mehrheitlich auf Ablehnung gestossen. Man befürchtete Mehrverkehr und «eine Verunstaltung der Platzpromenade». Ende der 1970er-Jahre ahnte man noch nicht, was in den nächsten Jahrzehnten noch alles an Verunstaltung auf den beschaulichen Park hinter dem Landesmuseum zukommen würde.

So nebenbei die NZZ gegründet

Wenn man heute durch den Platzspitz bummelt, erinnert nichts mehr an den einstigen «Needle Park». Da und dort stösst man aber auf Relikte aus früheren Epochen, die jahrzehnte- und jahrhundertelang allen Veränderungsstürmen trotzten – wenn auch leicht lädiert und/oder aufgemöbelt: Der Hirsch, der heute ohne den einstigen Brunnen unter den Hufen leben muss, der Musikpavillon der Landesausstellung, der seiner Zwiebelkuppel beraubt wurde – und das Gessner-Denkmal schliesslich, das nach einigen Anpassungen als ältestes Denkmal von Zürich überlebte. Salomon Gessner lebte von 1730 bis 1788 und war zu seiner Zeit ein europaweit bekannter Dichter und Landschaftsmaler – und fast nebenbei der Gründer der *Zürcher Zeitung*, aus der sich später die NZZ entwickelte.

Am Platzspitz habe er sich immer gern aufgehalten und sei da auch zu seinen bekannten *Idyllen* inspiriert worden, schrieb er einer Freundin einmal. Der Gedenkstein, der 1790 aufgestellt wurde, überdauerte die Zeit, obwohl er vielen bald als zu altmodisch erschien. «Ein gar nicht in die Umgebung passendes, naiv schwerfälliges Denkmal», hiess es schon 1883 im Katalog zur Landesausstellung. Immerhin erinnere es «an jene glückliche Zeit, welche noch Musse hatte, Idyllen zu dichten und zu lesen.» Nochmals fast hundert Jahre später, 1981, wurde die idyllische Ruhe Gessners am Platzspitz jäh unterbrochen. Anhänger der Jugendbewegung hatten seine Bronze-Skulptur entführt und forderten für deren Rückgabe die Freilassung eines gefangenen Mitstreiters. Die NZZ berichtete ausführlich: Die Büste sei nicht nur entwendet, sondern auch verunstaltet worden. Mit Farbe habe man ihr ein «Dracula-ähnliches» Aussehen gegeben, wie ein der Redaktion zugesandtes Foto zeige. Vor dem Kopf lag eine Tages-Zeitung, «um die Untat zu datieren». Bald löste sich die Sache allerdings in Minne auf: Der Gefangene kam frei, worauf auch die nunmehr unnütz gewordene Bronzebüste in der Nähe des Autonomen Jugendzentrums «ausgesetzt» wurde. Den Kopf Salomon Gessners brachte man zurück an den Platzspitz, wo er seit über 200 Jahren Zeuge aller Freuden und allen Elends war – und wo er auch künftig über alles Geschehen wachen wird.

5
1878 war der Platzspitz richtiggehend umzingelt von industriellen Anlagen: Gleich gegenüber die Fabriken von Escher-Wyss, beim heutigen Sihlquai die Transmissionsanlagen vom neuen Lettenwerk.

Judith Rohrer

Der Platzspitz – Chronik eines Gartendenkmals

6
Auf dem Murerplan von 1576 sind das neue Schützenhaus und die erfolgreich umgepflanzten Linden abgebildet. Der Plan zeigt die Situation vor dem Bau der barocken Stadtbefestigung.

Allmend und Schützenplatz, im Mittelalter verankerte Nutzungen

Durch den Zusammenfluss von Sihl und Limmat wird ein dreieckiges Stück Land umgrenzt, das bis ins späte Mittelalter – durch einen Seitenarm der Sihl gegen die Stadt abgetrennt – eine eigentliche Insel darstellte. Das nur lose mit Baumgruppen überstellte Wiesland vor den Toren der Stadt nutzten die Bürger als Allmendgenossen bis ins 18. Jahrhundert als Weideland für Pferde, Schlachtvieh und Schafe.

Dank der Nutzung als Schützenplatz ist umfangreiches Quellenmaterial überliefert. Die Entstehung des ersten Schützenhauses auf dem Platzspitz wird zu Beginn des 15. Jahrhunderts vermutet.

Eine besondere Attraktion bildeten die zwei «zerleiten» Linden links und rechts des Gebäudes, deren Äste so gezogen und ineinander verschränkt waren, dass in den Kronen Trinkstuben eingerichtet werden konnten. Mehrfach überliefert ist das Umpflanzen einer der Linden am 15. Februar 1571, verursacht durch den Neubau des Schützenhauses. Rund 200 Personen mussten mitanfassen, um den Baum an den neuen Standort zu ziehen. Die Aktion war erfolgreich. 1678 werden die Bäume in den Chroniken ein letztes Mal erwähnt.

Zwischen 1673 und 1689 entstanden im Bereich des Platzspitzes die Wallanlagen der barocken Stadtbefestigung, was zur ersten Beschneidung des Platzes führte. Der Schanzengraben bildete die neue Begrenzung zur Stadt hin. Das Schützenhaus lag neu innerhalb der Befestigungslinien, was vermutlich die Fällung der zwei «zerleiten» Linden bedingte.

Nach der Bullinger'schen Chronik lagerten 1418 mehrere tausend Zigeuner sechs Tage lang auf dem Spitz. Sie sollen sich ordentlich aufgeführt und niemandem etwas zuleide getan haben. Kurz nach ihrem Weggang folgten an ihrer Stelle «Arbeitsscheue, Diebe und Dirnen», welche sich ebenfalls als Zigeuner ausgaben, aber den Leuten Schaden zufügten. Sie wurden durch die Obrigkeit vertrieben.

Berühmt wurde der «Platz», wie er im 16. und 17. Jahrhundert mehrheitlich genannt wird, durch die grossen Schützenfeste. Das bedeutendste fand 1504 statt. Der Bürgermeister und die Räte luden nicht nur Miteidgenossen, sondern auch den König von Rom sowie ausländische Städte ein und bewirteten sie auf Stadtkosten.
Das Fest mit Wettkämpfen von Büchsen- und Armbrustschützen sowie einem grossen Jahrmarkt dauerte einen ganzen Monat.

Die sogenannten Freischiessen, die bis ins 19. Jahrhundert in unregelmässigen Abständen auf dem Platz stattfanden, dienten nur zum Teil der eigentlichen Waffenübung. Genauso wichtig war der gesellschaftliche Aspekt.

Auch das Knabenschiessen hat seinen Ursprung auf dem Schützenplatz: Ab Mitte des 17. Jahrhunderts wurden die städtischen Schüler in den Hundstageferien zu Exerzierübungen aufgeboten. Als Ansporn und Belohnung für den Einsatz in der Julihitze lockte ein Wettschiessen mit Geldpreisen. Die Waffenübungen wurden 1833 eingestellt; der Brauch des Wettschiessens hat sich bis heute gehalten.

Im 17. und 18. Jahrhundert wurde zudem eine Reihe von Manövern, Pontonierübungen und Musterungen auf dem unteren Schützenplatz durchgeführt.

7
Die «zerleiten» Linden am Originalstandort beim ersten Schützenhaus waren so gezogen, dass ein Baumbesteiger innerhalb der Kronen von einem Baum zum anderen wechseln konnte.

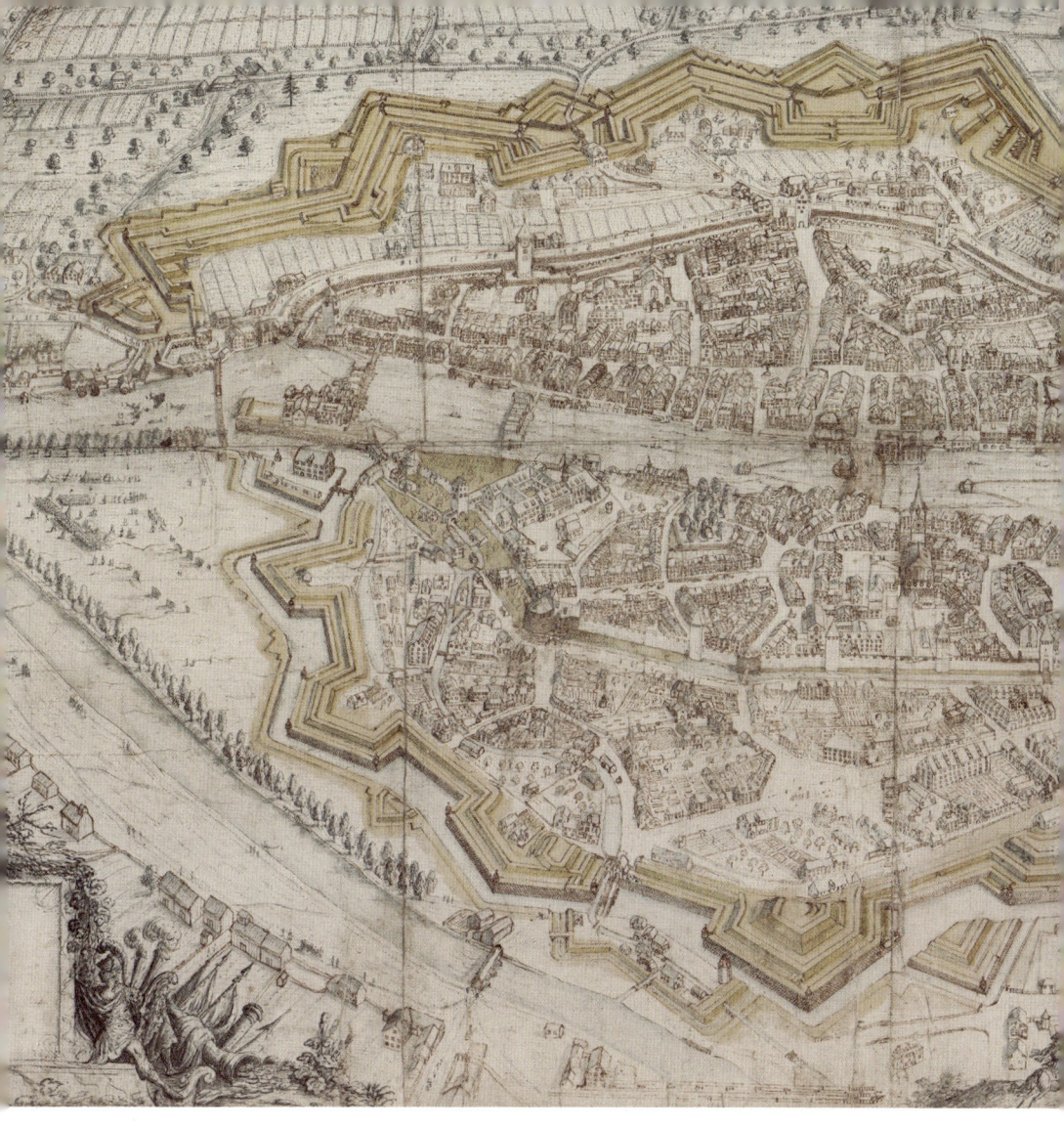

8
Planvedute der Barockstadt Zürich um 1738, gezeichnet vom Zürcher Künstler Johann Caspar Ulinger (1704–1768). Der Platzspitz, am linken Planrand ersichtlich, liegt ausserhalb der barocken Stadtbefestigung. Die flussbegleitenden Alleen sind bereits dargestellt, ebenso die Nutzung des Ortes als militärischer Übungsplatz. Das Schützenhaus ist durch die Schanzen vom Platz getrennt.

9
Stadtansicht von Südwesten von 1772. Wie viel Land das mächtige barocke Schanzenwerk im stadtnahen Teil des Platzspitzes in Anspruch nahm, lässt sich mit Blick auf das Schützenhaus (mit Treppengiebel) ablesen. Beim genauen Hinsehen sind Flaneure in der Allee zu erkennen, die Nutztiere scheinen den Auslauf auf der grosszügigen Weide zu geniessen

10
Militärische Übungen des Pförtnerkollegiums, Stich von 1757. Beachtenswert ist das unterschiedliche Alter der Alleebäume.

11
«Der Knabenschiesset oder am Zielschiessen nach den Hundstagen», Kupferstich von J. Meyer, 1794.

12
Zürich um 1780. Die detailreiche Darstellung zeigt den Platzspitz kurz vor der barocken Umgestaltung. Noch weiden Schafe vor den Zielscheiben des Schiessplatzes und Bürger promenieren im Schatten der Alleen. Im Unterschied zur wilden Sihl wird die Limmat als Wasserstrasse und Antriebsgewässer genutzt. Am Limmatufer wachsen Reben, frisch gewalkte Tücher liegen zum Trocknen aus. Weinbergstrasse und Walche erinnern bis heute daran.

Gegraben von J. R. Holzhalb in Zurich 1761.

Vuë de la Ville de Zuric.
Du Côté du Septentrion de la Hauteur pres du Stampfenbach.

A. La Cathedrale. B. L'Eglise de S.t Pierre. C. L'Eglise de Notre Dame. D. L'Eglise du S.t Esprit. E. L'Eglise des Orphelins. F. La Maison de Ville. G. Prison au Lac. H. La nouvelle Maison des Orphelins. I. La Maison de l'Intendant de l'Oetenbach. K. Anciene Prison, nommée Ketzers Thurn. L. Le Grimen Thourn. M. L'Hopital. N. Le Grand Magasin au Thal axe. O. Le Magasin au Sihl Wiesli. P. La Porte du Rennweg. Q. du Tirage. R. La Papeterie. S. La Porte Inferieure. T. Le Tirage *Promenade publique.* V. Pont de la Sihl. V. L'Eglise de S.t Jaques. W. Le Stampfenbach. L'Oeconomat du S.t Plain. X. Le Steinbökli. *Campagne.* Y. La Brand Schencj. *Campagne.* Z. Le Signal sur l'Utlinberg.

und im Verlag Johanes Hofmeisters der Rosen gass in Zurich.

13
Promenade im Platzspitz um 1815. Ölbild
von J. Rahn (1769–1840). Links im Hintergrund
ist das Gessner-Denkmal angedeutet.

Promenade und Lusthain, Hochblüte im 18. Jahrhundert

Bereits zwischen 1672 und 1705 wurden die Lindenalleen entlang der Sihl und der Limmat angelegt, die zum Promenieren im Schatten wie auch zur Ufersicherung dienten. Anfänglich waren Ruhebänke die einzige Ausstattung. Die öffentliche Promenade war Ausdruck der zunehmend empfundenen Enge in der Stadt. Im Lauf des 18. Jahrhunderts entstanden Promenaden in vielen grösseren Städten, entweder im Stadtrandbereich, meist gekoppelt mit dem Schützenplatz, wie beispielsweise in Lausanne und Zofingen, oder aber auf den Befestigungsanlagen der barocken Stadt, wie in Genf oder Bern. In Zürich waren nebst der Platzpromenade auch der Lindenhof, die Hohe Promenade, der Hirschengraben sowie das Sihlhölzli viel begangene Promenaden.

Um 1780 legte der Schanzenherr und Zunftmeister Johann Caspar Fries, der zur gleichen Zeit auch den Lindenhof umgestaltete, im vorderen Spitz einen Lusthain an. Die barocke Anlage orientierte sich an französischen Vorbildern, die der Schanzenherr aus seiner Zeit als Offizier in französischen Diensten kannte.

Die flussbegleitenden Alleen wurden um eine dritte Reihe verstärkt, die in einem Bogen den Schützenplatz und ab 1798 die Bürgergärten vom Lusthain abgrenzten. Die sihlbegleitende Allee wurde nicht mehr dem Ufer entlang, sondern geradewegs quer durch den Spitz an die Limmat geführt, wo ein runder Platz die Hauptallee aufnahm. Offene Wiesenflächen und Buschwäldchen, sogenannte Boskette, füllten die von den Hauptwegen umschlossenen Gevierte. Die Nebenwege erschlossen eine Vielzahl kleiner Ruheplätze. Ein kreisrunder, von zwei Baumreihen eingefasster Platz nördlich der sihlseitigen Allee bildete das eigentliche Zentrum der Anlage. Hier wurde 1790 das Denkmal für Salomon Gessner (1730–1788) errichtet, das noch heute an derselben Stelle steht und für sich in Anspruch nehmen kann, das älteste, am ursprünglichen Ort stehende Denkmal Zürichs zu sein.

Der 1786 aufgenommene «Geometrische Plan des Schützen-Plazes in Zürich» von Johann Feer gibt die Bepflanzung in allen Details wieder. Interessanterweise setzten sich die flussbegleitenden Doppelalleen nicht aus reinen Lindenbeständen zusammen, sondern waren mit Schwarzpappeln durchmischt, wogegen die neu gepflanzte, in weitem Bogen verlaufende Baumreihe einheitlich aus «wilden Castanien-Bäumen» bestand. Erstmals dokumentiert sind die sechs im Kreis gepflanzten Platanen in Spitznähe sowie die zwei Solitärplatanen auf dem Hügel beim Pavillon. Bis auf ein Exemplar sind alle heute noch vorhanden. Der auf den eigentlichen Spitz führende Wegabschnitt war beidseits von italienischen Säulenpappeln gesäumt, was einen weithin sichtbaren Akzent setzte. Den Abschluss dieser Allee bildete die Säule des Limmatflussgottes ganz vorne am Spitz.

Das grosse Boskett nördlich des Kastanienbogens diente als Baumschule. Im Weiteren weist Feers Plan Birken, rote und gemeine Buchen, Erlen, Eichen, Lärchen, Rot- und Weisstannen, Blütensträucher und «allerley fremde durchs Pflanzen einheimisch gewordene Nadelhölzer» aus.

Im Mai 1798 wurde der an den Lusthain angrenzende, 9 Jucharten (rund 3 Hektaren) umfassende Teil des Schützenplatzes parzelliert und die 72 Gartenplätze den Bürgern als Pflanzland verpachtet, was damals in vielen Gegenden verbreitet war und von der Herrschaft gefördert wurde. Eingefasst war der Pflanzgarten durch die im Bogen verlaufende Kastanienreihe sowie durch eine mächtige Grünhecke. Diese Pflanzgärten bestanden bis 1854.

Bewacht wurden die Bürgergärten auf dem Platzspitz von einem Promenadenwächter namens «Chriesi», einem stadtbekannten Original. Der Stadtrat hatte sich mit Beschwerden der Spaziergänger zu befassen, die über den Gestank der zu Düngungszwecken ausgebrachten Hausjauche klagten. Die Stadtbehörde gab jedoch den Landpächtern recht, die darlegten, dass ohne Düngung kein Gemüse richtig gedeihe.

Die Ansicht des Limmatspitzes von 1788 belegt, dass der Spitz ursprünglich nur wenig über dem Flussniveau lag. Gut zu erkennen sind die noch jungen Säulenpappeln und die Skulptur des Limmatflussgottes, der die eigentliche Spitze betonte. Das Zusammenfliessen von Sihl und Limmat konnten die Spaziergänger unmittelbar erleben.

Verändert hat sich die topografische Situation erst 1949, als durch den Bau des Dachwehrs beim Drahtschmidli die Limmat um rund 2 Meter aufgestaut und der Spitz entsprechend angehoben wurde.

Bis zum Bau des Sihlsees in den dreissiger Jahren des 20. Jahrhunderts wurde der Platzspitz regelmässig durch die hochgehende Sihl überflutet. Aus diesem Grund wurde der einfache, klassizistische Pavillon 1782 auf einem aufgeschütteten Hügel errichtet. Noch fehlen auf der Darstellung die zwei Platanen, die auf dem Müller-Plan von 1788 den Pavillon einrahmen und noch heute als mächtige Bäume den Hügel zieren.

Die Abbildung auf Seite 41 zeigt links im Hintergrund den Beckenhof, einen barocken Landsitz, der in dieser Form seit 1732 besteht. Die weitläufige, vom französischen Barock inspirierte Gartenanlage von seltener Schönheit reichte bis an die heutige Wasserwerkstrasse hinunter, ist hier aber vereinfacht wiedergegeben.

1788 starb der weiterum bekannte und hoch geschätzte Dichter, Maler und Politiker Salomon Gessner. Verehrer stifteten ihm ein Denkmal, das um 1790 den zentralen Platz im Lusthain einnahm. Der dunkle Marmorblock mit Urne war geschmückt mit zwei Reliefs des Bildhauers Alexander Trippel (1744–1793). Das kleine Medaillon zeigte Gessners Bildnis, das grosse Relief stellte eine Szene aus Gessners Idylle *Daphnis und Mykon* dar. Die Witterung, aber auch mutwillige Beschädigungen setzten den aus Carrara-Marmor gearbeiteten Reliefs so stark zu, dass sie bereits 1808 entfernt werden mussten.

Eine Bronzebüste Gessners, geschaffen vom Trippel-Schüler Joseph Maria Christen (1767–1838), ersetzt seither die Marmorreliefs. Diese wurden im benachbarten Pavillon aufbewahrt und 1883 an der Landesausstellung gezeigt. Während das Medaillon verloren ging, befindet sich das Bildrelief seit 1925 in der Sammlung des Kunsthauses Zürich.

Das Denkmal stand im Zentrum eines runden, mit Hecken und Trauerweiden stark betonten Platzes. Dieser bildete den eigentlichen Mittelpunkt der barocken Anlage. Im 19. Jahrhundert verschob sich der Schwerpunkt der Parkanlage mehr in Richtung Landesmuseum. Das ursprüngliche barocke Bodenrelief um das Denkmal ist noch heute teilweise erkennbar.

Die Bronzebüste von Salomon Gessner machte 1981 Schlagzeilen, als sie von Unbekannten entführt wurde, um der Forderung nach Freilassung eines in deutscher Auslieferungshaft sitzenden Schweizers Publizität zu verschaffen. Nachdem die deutschen Behörden den Mann aus der Untersuchungshaft entlassen hatten, tauchte die Bronzebüste Gessners in einem Tramwagen der Linie 4 unweit des Autonomen Jugendzentrums wieder auf.

Die Platzpromenade wurde im 18. Jahrhundert zum Treffpunkt der breiten Bevölkerung. Nach Zürcher Sitte wurde streng nach Geschlechtern getrennt promeniert. Gegenseitiges Begrüssen und Mustern war hingegen erlaubt. Der Platz soll nach einem Gedicht von David Hess «ein grosses, offenes Musterbuch von hübschen Heiratswaren» gewesen sein.

Die «schöngeistige Zürcher Welt», angeführt vom Literaten Johann Jakob Bodmer (1698–1783) und dessen Freund Johann Jakob Breitinger (1701–1776), soll hier Zusammenkünfte mit Freunden und Schülern abgehalten haben, was dem Platz eine gewisse Bekanntheit gab. Selbst Gottfried Keller (1819–1890) schilderte in seinen *Zürcher Novellen* ein Zusammentreffen mit Bodmer und seinem Gefolge.

Eine hübsche Anekdote bezeichnet den «Spitz» als Lieblingsplatz Gottfried Kellers. Hier soll der unglückliche junge Kunstmaler 1843 zu ersten Gedichten animiert worden sein und auch später Inspirationen für sein grosses Werk gesammelt haben. Aus diesem Grund versuchte das «Komitee für ein Gottfried Keller-Denkmal» 1940 zur Feier seines 50. Todestages im Platzspitz ein solches zu errichten. Die Kriegsjahre verunmöglichten das Vorhaben. Heute steht das Keller-Denkmal von Otto Charles Bänninger (1897–1973) am Mythenquai, nahe der Rückversicherung, die es der Stadt 1964 schenkte.

Der starke Einfluss Frankreichs im ausgehenden 18. Jahrhundert führte nicht nur zu politischen, sondern auch zu gesellschaftlichen und kulturellen Veränderungen, die sich in der Platzpromenade spiegelten. Nach dem Vorbild Rousseaus entwickelten die Promenierenden Sinn für die Schönheit der Natur und entdeckten die landschaftlichen Vorzüge des Platzspitzes.

Nach Errichtung des Gessner-Denkmals bürgerte sich für den Parkteil nah am Spitz der Name «Gessner-Promenade» ein. Zu Beginn des 19. Jahrhunderts fanden grosse Volksfeste in der neuen Anlage statt, zum Teil auch mit politischem Hintergrund, wie beispielsweise 1804 die Beschwörung der Mediationsverfassung.

Der eigentliche Schützenplatz, durch die barocke Parkanlage und die Pflanzgärten flächenmässig stark reduziert, wurde noch bis gegen die Mitte des 19. Jahrhunderts als Übungsplatz für die militärische Ausbildung benutzt.

14
Neuer Pavillon auf dem Schützenplatz,
Darstellung um 1782. Im Vordergrund die Sihl,
links im Bild das Drahtschmidli, darüber
der Beckenhof.

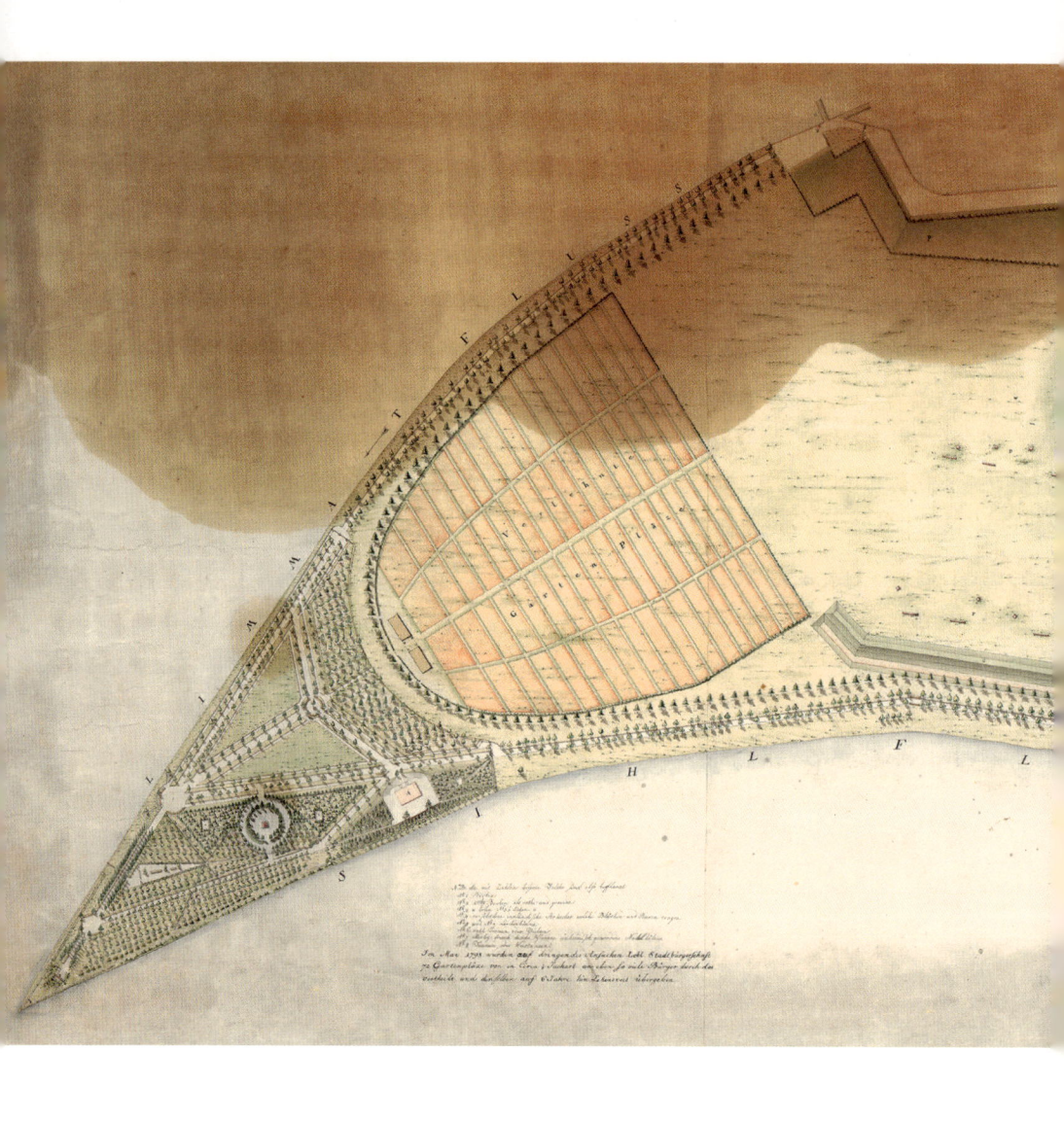

15
Geometrischer Plan des Schützenplatzes in Zürich im «Masstab von 600 Zürcher Schuhen». Ingenieur Johann Feers Bestandesaufnahme von 1786 identifiziert jeden Baum auf dem Platzspitz – ein seltenes und überaus wertvolles Dokument. Die Baumarten tragen unterschiedliche Signaturen. Ihre Standorte sind dadurch exakt lokalisierbar. Die Legende vermerkt: Platanus, Esche, Ilme (Ulme), Linde, Sarbache (Schwarzpappel), Wiide, wilder Castanien-Baum, Italiänische Pappel, Tannen und Lerchen-Bäume.

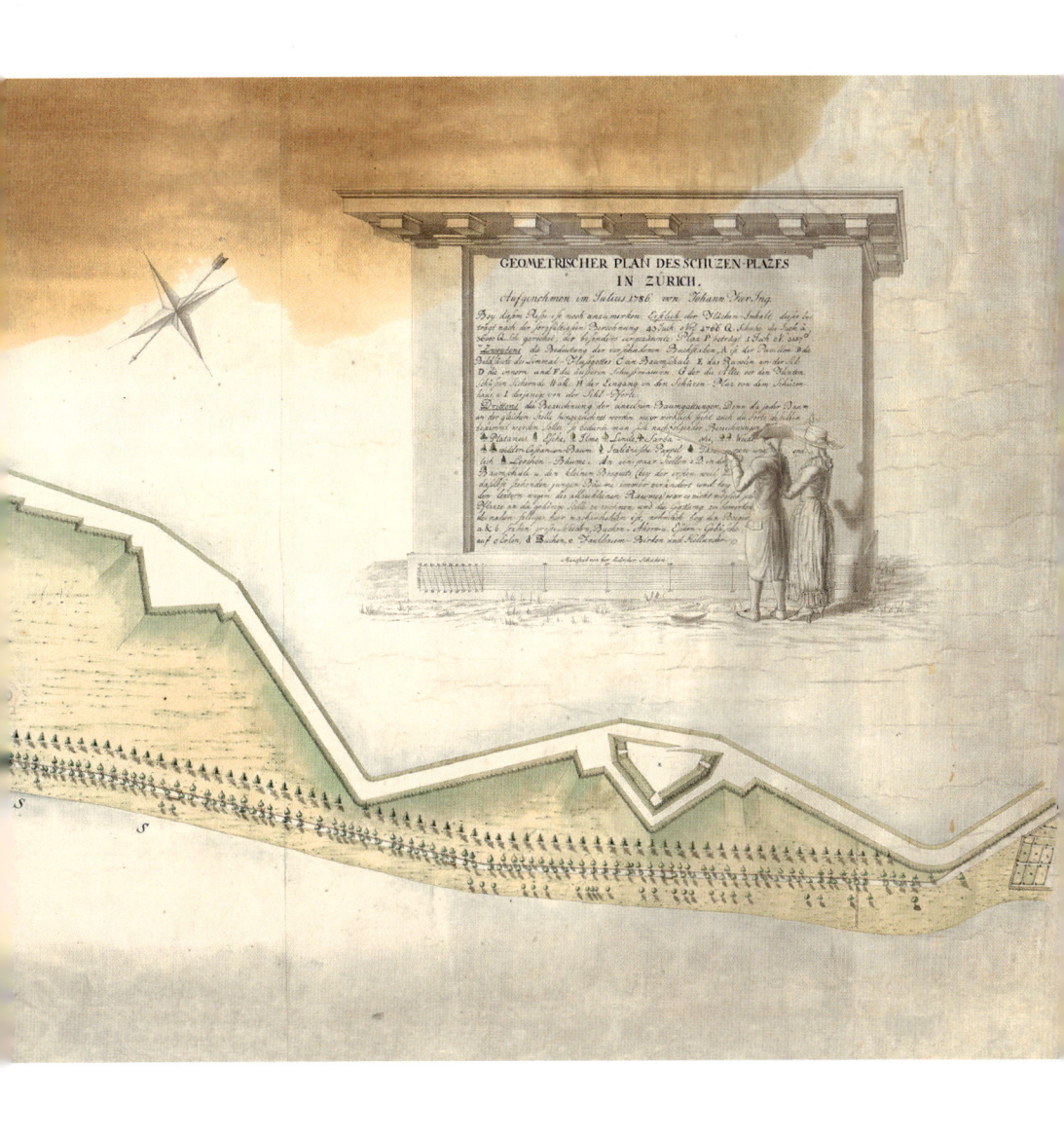

GEOMETRISCHER PLAN DES SCHÜZEN-PLAZES IN ZÜRICH.

Aufgenohmen im Julius 1786. von Johann Yser Ing.

16
Auf dem Stadtplan von Johannes Müller (1788, Ausschnitt) werden die barocke Anlage von 1780 und die angrenzenden Pflanzgärten detailliert wiedergegeben.

17
Der Platzspitz-Pavillon vom Park her gesehen. Die Darstellung zeigt den barocken, tunnelförmigen Alleenschnitt, wie er beispielsweise noch heute im Park von Schloss Schönbrunn bei Wien besichtigt werden kann.

18
In der Gessner-Promenade. Der Kupferstich von 1803 bestätigt, dass nach Geschlechtern getrennt promeniert wurde, was das gegenseitige Mustern jedoch nicht ausschloss.

SALOMON GESSNERS DENKMAL
BEY ZÜRICH.

19
Das Gessner-Denkmal, Kupferstich von 1802.
Nur knapp 20 Jahre lang präsentierte sich das
Denkmal mit den Marmorreliefs von Alexander
Trippel (1744–1793).

20
Das Gessner-Denkmal 1831. Die robuste Bronze-Büste Gessners ersetzte 1808 die beschädigten Marmorreliefs. Heute ist das Gessner-Denkmal das älteste am ursprünglichen Ort stehende Denkmal Zürichs.

21
Der Limmatspitz, dargestellt 1788. Pappelgruppen prägen das Erscheinungsbild des Spitzes, dessen Niveau im Unterschied zu heute nur wenig über der Wasserlinie lag.

22
«Vue de Zuric avec le chemin de fer», Kupferstich von 1847. Diese frühe Ansicht des Bahnhofs dokumentiert die radikale Unterbrechung der sihlseitigen Allee, deren Ansatz am linken Bildrand knapp zu erkennen ist.

Bahnhof und Gasfabrik, Einschnitte der Industrialisierung

Zwischen 1845 und 1847 wurde der erste Bahnhof gebaut. Die Stadt stellte der Nordbahngesellschaft das nötige Land unentgeltlich zur Verfügung. Im Sommer 1846 überschwemmte die Sihl, wie schon oft zuvor, den Platzspitz. Um den neuen Bahnhof vor Überschwemmung zu schützen, wurde das Baugelände durch eine umfangreiche Kiesschüttung angehoben.

Die sihlseitige Allee wurde durch den Gleiskörper unterbrochen. Der Bahnhof schob sich als neuer Riegel zwischen Stadt und Platzspitz. Die Einweihung 1847 bedeutete das Ende des Schützenplatzes an diesem Ort. Er fand seinen neuen Standort im Sihlhölzli und später im Albisgütli.

1854 schloss der Stadtrat mit Privaten einen Vertrag zur Errichtung einer Gasfabrik für die Stadt Zürich ab. Dazu wurde das Pflanzland nördlich des neu gebauten Bahnhofs abgetreten. Die Fabrik nahm 1856 ihren Betrieb auf.

Der Übersichtsplan aus dem Jahr 1860 zeigt, dass die barocke Anlage von Fries in den Grundzügen noch intakt war. Mittelpunkt des Lusthains bildete weiterhin der runde Platz mit dem mittlerweile eingezäunten Gessner-Denkmal. Die mächtigen Kessel der Gasfabrik füllten den ehemaligen Pflanzgarten vollständig aus, wurden aber optisch durch die aus der Fries'schen Anlage erhalten gebliebene, im Bogen geführte Kastanienreihe etwas abgeschirmt. Zwischen Bahnhof und Gasfabrik stand neu das städtische Kornhaus.

Bereits 1867 konnte die Gasfabrik nach Aussersihl verlegt werden. Die Stadt beabsichtigte schon länger, die sich in schlechtem Zustand befindliche und ungepflegte Platzpromenade in einem günstigen Moment zu sanieren. Mit dem Auszug der Gasfabrik war dieser gekommen. Die Standortgunst des frei gewordenen Grundstücks in unmittelbarer Bahnhofsnähe wurde erkannt. Da eine Nachnutzung noch nicht bestimmt war, entschloss sich der Stadtrat, das Grundstück einstweilen in den Park zu integrieren, allerdings so, dass eine erneute Abtrennung ohne Schaden möglich war.

Der Stadtgärtner Rudolf Blattner legte im September 1867 einen ersten Projektplan vor, der eine grundlegende Umgestaltung der Barockanlage in einen Park nach englischem Vorbild vorsah. Nach damaliger Gartenmode versuchte er, eine Vielzahl von Gestaltungselementen unterzubringen. Das Gessner-Denkmal sollte neu am Ufer eines kleinen Sees liegen und grottenartig umbaut werden. Die vielen verschlungenen Wege weitete Blattner an manchen Stellen zu Ruheplätzen aus. Als weitere Attraktionen waren ein chinesischer Pavillon sowie eine Treppenanlage vorne am Spitz vorgesehen, die direkt ans Wasser führte. Als auffallendes neues Element entwarf Blattner zudem einen Reitweg durch die Anlage. Neues Zentrum dieses phantasievollen Parks sollte eine grosse, ovale Wiesenfläche bilden, deren nördlicher Bogen durch die Kastanienallee der Barockanlage bestimmt war. Dieser Plan blieb unausgeführt.

Der zweite Entwurf Blattners, datiert vom Dezember 1867, war gegenüber dem ersten stark vereinfacht. In das neue geschwungene Wegsystem wurden die bestehenden Bäume und Ausstattungselemente sorgfältig einbezogen. Aus seinem ersten Projekt übernommen hatte er die zentrale ovale Wiese sowie die Reitbahn. Dieses Projekt hiess der Stadtrat gut und liess es in den Jahren 1868/69 realisieren. Die Umänderungs- und Instandstellungsarbeiten kosteten damals 14 300 Franken und beschäftigten 30 bis 40 Mann mehrere Monate lang. Die Pferdefreunde, auf deren Wunsch der Reitweg angelegt worden war, beteiligten sich an den Baukosten.

Zwischen Bahnhof, Sihlkanal und Sihl entstand auf der noch verbliebenen Exerzierwiese ab 1864 das neue Bahnhofsquartier. Die heutige Gessner-Allee war ursprünglich Teil der sihlseitigen Promenade. Daran lässt sich mit etwas Vorstellungsvermögen die ehemalige Ausdehnung des Platzspitzes erahnen.

Bereits das 19. Jahrhundert leitete eine anhaltende Vereinsamung des Platzspitzes ein. Mit dem Bau des Bahnhofs ab 1845 und der Unterbrechung der überaus beliebten sihlseitigen Allee sowie der Verlegung des Schiessplatzes ins Sihlhölzli ging die Frequenz der Platzspitzbesucher deutlich zurück. Der Lusthain verödete zunehmend.

Die Quellen aus jener Zeit sind spärlich. Es gab kaum mehr Anlass, vom Platzspitz zu berichten. Die Anlage geriet in Vergessenheit. In einem zeitgenössischen Bericht ist zu lesen, es sei ein Rätsel, warum dieser Park so sehr gemieden werde. Es sollen sich nur noch stille Träumer zum Lustwandeln eingefunden haben.

Stadtgärtner Blattner versuchte, mit seiner Neugestaltung die Anlage wieder attraktiv zu machen. Die Reitbahn sowie die grosse Wiese, die er im Plan als Kinderspielplatz bezeichnete, zeugen von dieser Absicht. Das Schützenhaus wurde 1849 an Private verkauft. Als Restaurant diente es zur Durchführung verschiedener, auch politischer Veranstaltungen. 1898 musste es dem Bau des Hauses «Du Pont» mit Restaurant und Kinosaal weichen.

PARTIE DE LA PROMENADE GESSNER

23
Die undatierte Darstellung zeigt die Terrasse
beim Barockpavillon mit Blick auf die Sihl
vermutlich Ende des 18. Jahrhunderts.
Beachtenswert sind die Platane in der Bildmitte
und diejenige am Bildrand. Diese zwei Bäume
stehen noch heute!

24
«Malerischer Plan der Stadt Zürich und ihrer Umgebungen» von H. F. Leuthold, 1847 (Ausschnitt). Der Plan verdeutlicht die Abkoppelung des Parks von der Stadt durch den Bahnhof.

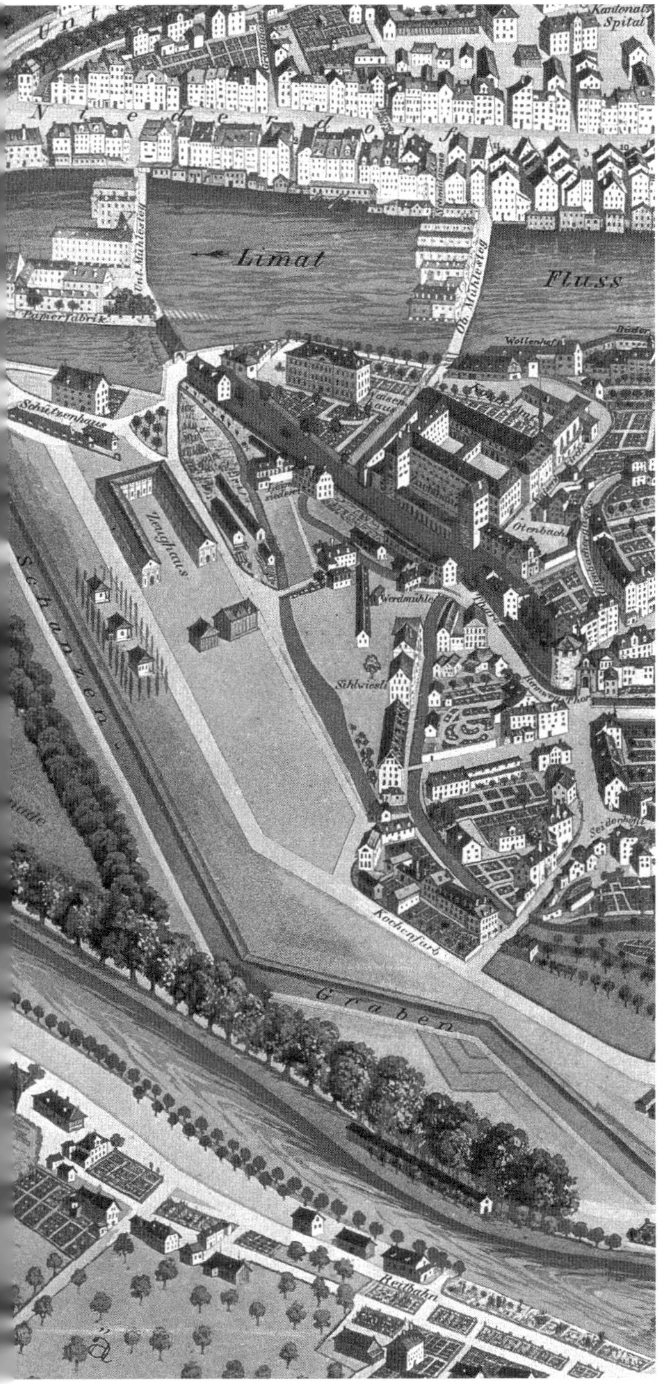
Kantonals Spital
Niederdorf
Limat
Fluss
Wollenhof
Schützenhaus
Zeughaus
Ötenbach
Sihlwiesli
Graben
Reitbahn

25
Ansicht der Stadt Zürich um 1865, Farblithographie von Louis-Jules Arnout (1814–1868). Im Zentrum ist der neue Bahnhof mit der «Spanisch-Brötli-Bahn» dargestellt. Der Platzspitz ist am unteren Bildrand mit Gessnerdenkmal und Barockpavillon angedeutet. Zwei Gaskessel und ein rauchender Schornstein der Gasfabrik grenzen direkt an die Parkkulisse. In der Bildmitte liegt das prachtvolle Waisenhaus, heute Amtshaus I.

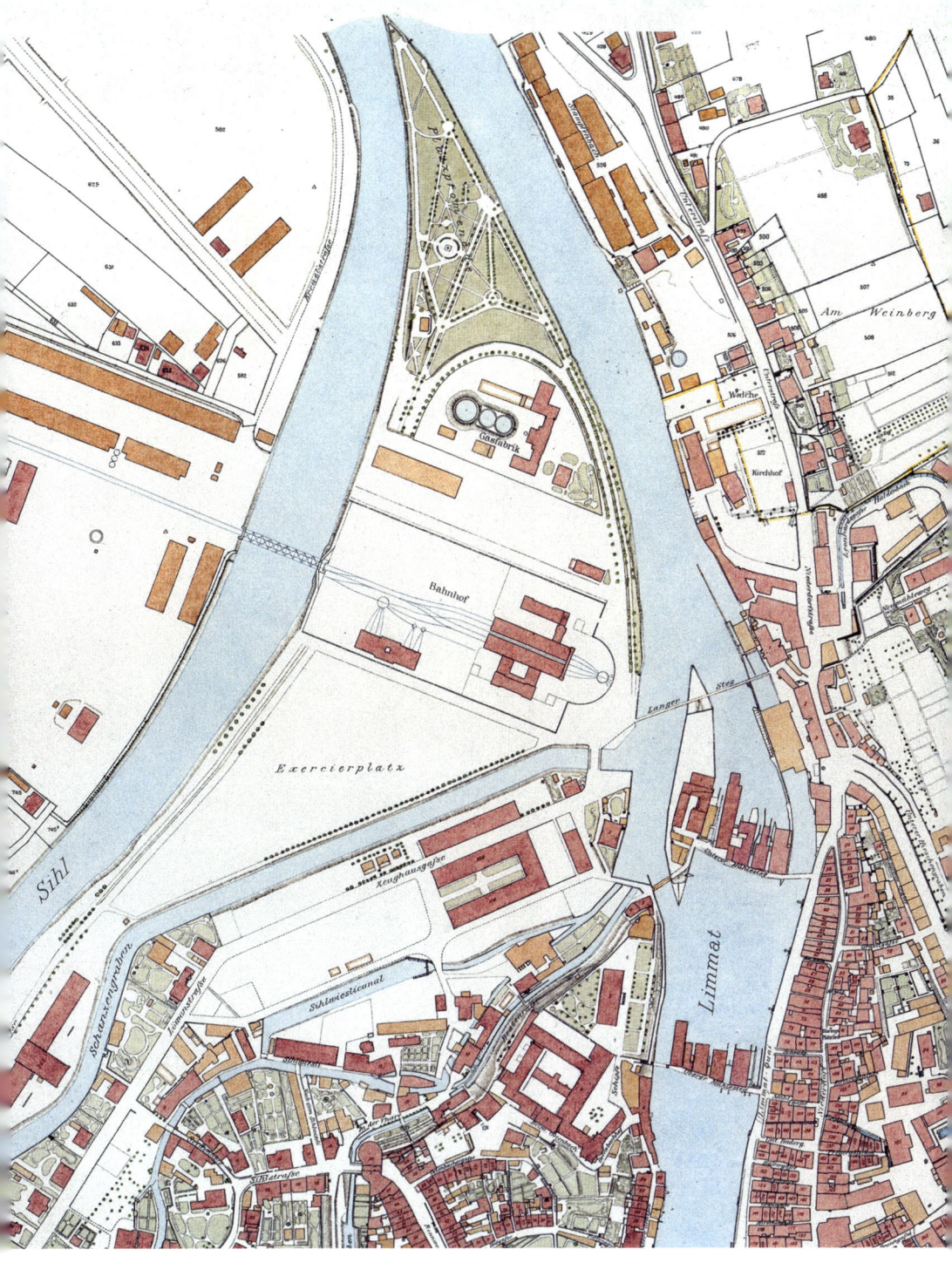

26
Der Übersichtsplan der Stadt Zürich um 1860 (Ausschnitt) dokumentiert die rasante bauliche Entwicklung auf Kosten des Platzspitzes. Anstelle der Pflanzgärten sind Gasfabrik und Kornhaus entstanden. Respektiert wurde dagegen die gebogene Kastanienreihe.

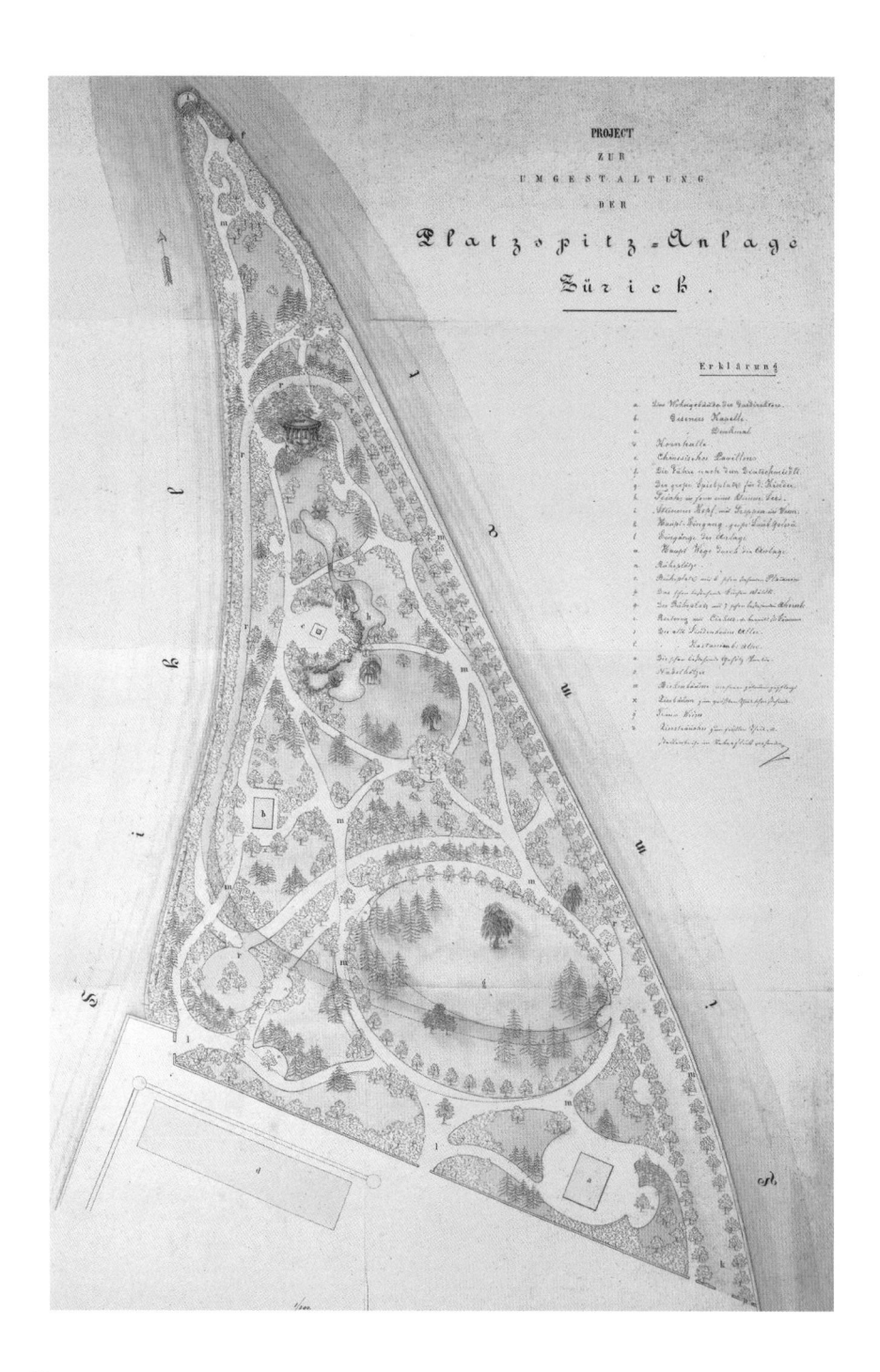

27
Nach der Verlegung der Gasfabrik nach Aussersihl unternahm die Stadt erstmals den Versuch, die verödete Parkanlage gestalterisch aufzuwerten. Der Stadtgärtner Rudolf Blattner entwarf 1867 eine phantasievolle Neuanlage, die aber nicht in dieser Form realisiert wurde.

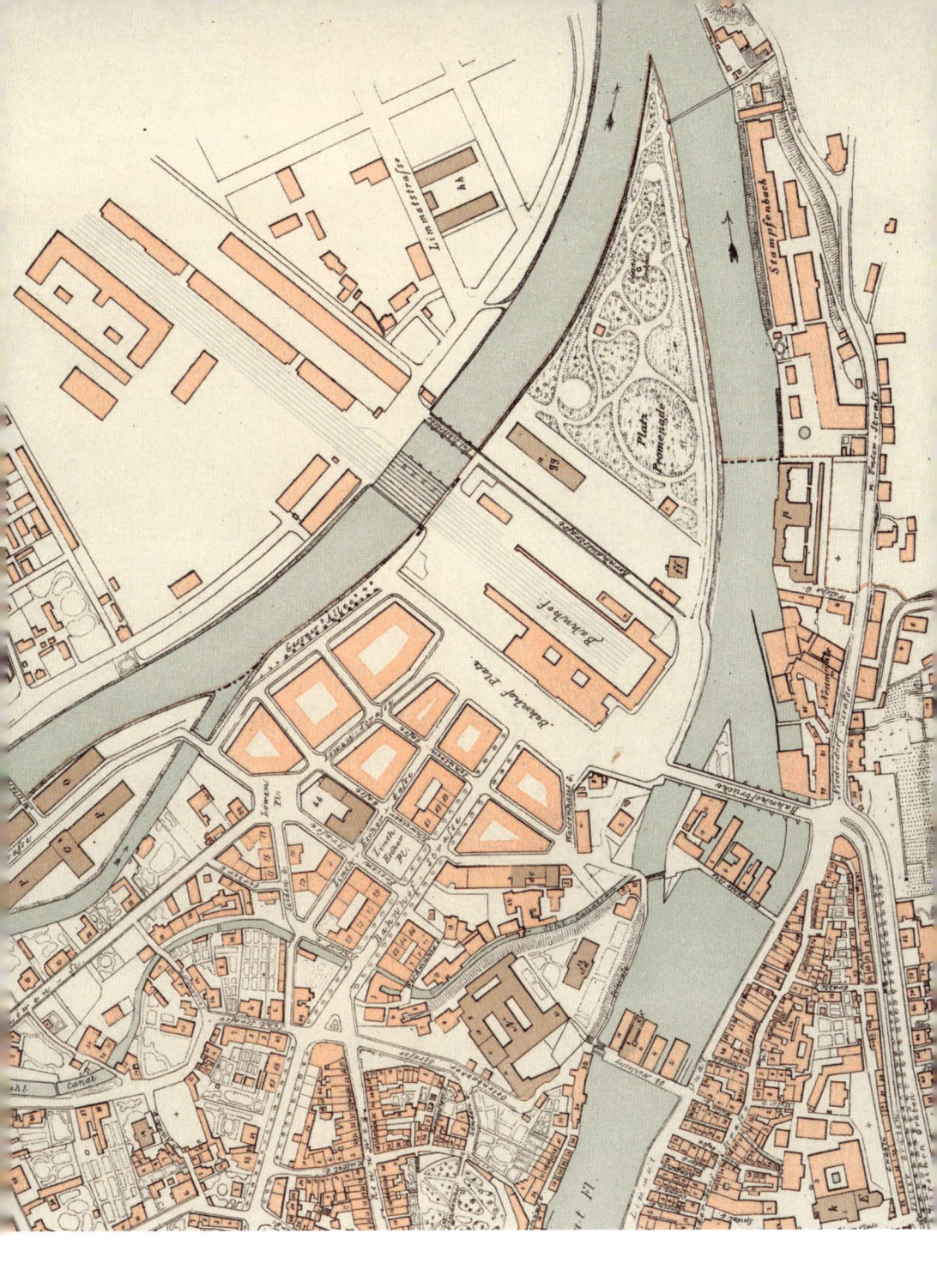

28
Plan der Stadt Zürich nach Breitinger, 1874 (Ausschnitt). Eindrücklich entwickelt sich das Bahnhofquartier mit Bahnhofstrasse und Bahnhofplatz unter Stadtingenieur Arnold Bürkli (1833–1894). Die Platzspitzanlage erfuhr eine Aufwertung gemäss den vereinfachten Plänen von Stadtgärnter Rudolf Blattner.

29
Für die Landesausstellung 1883 wird die Parkanlage umgestaltet und mit zahlreichen Kleinbauten ausgestattet. Das Gessner-Denkmal bleibt an Ort, ist aber nun eine Attraktion unter vielen.

Landesausstellung und Landesmuseum, Neulancierung des Parks

Zu Beginn der 1880er-Jahre waren drei Standorte für die erste Schweizer Landesausstellung in der engen Wahl: einer in Riesbach, einer in der Enge (beide damals noch eigenständige Gemeinden) und einer hinter dem Bahnhof beidseits der Sihl. Den Standorten am See hätte man ihrer naturbedingten Reize wegen den Vorzug gegeben. Der Ausstellungstermin fiel jedoch zeitlich ungünstig mit dem eben in Angriff genommenen Bau der Quaianlagen zusammen.

Die Stadt überliess dem Ausstellungskomitee unentgeltlich den Platz hinter dem Bahnhof. Von den knapp 100 000 Quadratmetern Ausstellungsfläche lagen etwa die Hälfte auf der Platzpromenade, der Rest auf der gegenüberliegenden Seite der Sihl und am See. Das Kornhaus wurde bereits 1882 während der Vorbereitungsphase ins Industriequartier verlegt.

Das Hauptgebäude, die Industrie-Halle, wurde an der Stelle des heutigen Landesmuseums errichtet. Den parkseitigen Platz schmückte ein Wasserbecken mit grosser Fontäne. Dieses bildete den Mittelpunkt eines neuen strahlenförmigen Achsensystems. In der Mittelachse, eingebettet in halbkreisförmig angelegte Rasen- und Blumenbeete, stand der Musikpavillon der Gebrüder Koch. Bestimmend für die Halbkreisform war die Kastanienreihe der ursprünglichen Barockanlage. Im Eingangsbereich wurde die innere Lindenreihe aus Platzgründen gefällt. Eine Vielzahl von Ausstellungskleinbauten belebte für die Dauer der Ausstellung den Park. Der barocke Pavillon von 1782 wurde zum Café der Konditorei Sprüngli um- und ausgebaut. Eine besondere Attraktion stellte das grottenartig ausgestaltete Aquarium dar, das rechts des Pavillons in den Hügel eingelassen war.

In Spitznähe bauten die Architekten Alfred Chiodera (1850–1916) und Theophil Tschudy (1847–1911) einen Keramikpavillon mit zwei Türmchen. Auf der Limmatseite befand sich auf einer zu diesem Zweck aufgeschütteten Erhebung die Alpenclubhütte der Sektion Uto. Auf dem mit Felsblöcken gestalteten Hügel wuchsen Alpenpflanzen. Zwei als Provisorien angelegte Stege über die Sihl verbanden den Platzspitz mit dem Ausstellungsgelände im Industriequartier. Das Salomon-Gessner-Denkmal wurde zwar an seinem Platz belassen, war aber völlig aus dem Zentrum gerückt.

Die Umgestaltung für die Landesausstellung von 1883 geschah unter Mitwirkung von Otto Froebel (1844–1906). Bereits 1879 war er von der Gemeinderatskommission, der unter anderen der Stadtbaumeister Arnold Geiser und der Architekt Alfred F. Bluntschli angehörten, beauftragt worden, einen Bericht zur gestalterischen Verbesserung der Anlage zu verfassen. Froebel betonte darin die Wichtigkeit perspektivischer Durchblicke auf einige markante Punkte in der Anlage und ins Freie. Damals wurden seine Vorschläge nur zögernd umgesetzt. Markante, alte Bäume, die nach Froebel hätten beseitigt werden müssen, blieben unangetastet. Hingegen konnte Otto Froebel als Fachexperte der Gruppe «Gärtnerei» wenige Jahre später bei der Planung und Realisierung der Landesausstellungsanlage einen Teil seiner Vorschläge umsetzen und seine Ideen verankern. So sah beispielsweise die Baukommission davon ab, das Aquarium als frei stehenden Bau zu realisieren, da dieser zu stark auf die «aesthetische Gestaltung der Anlage» eingewirkt hätte.

In der Ausstellungszeitung, die 1883 monatlich parallel zur Ausstellung erschien, veröffentlichte der in Zürich lehrende Botanikprofessor Arnold Dodel (1843–1908) eine detaillierte Schilderung der Vegetation. Besonders hob er die limmatseitige Lindenallee hervor, deren Ursprung ins frühe 18. Jahrhundert zurückreicht, die «hoch aufragende», also ungeschnittene Kastanienreihe der Barockanlage sowie die als «Perle der Anlage» bezeichnete Platanengruppe am spitznahen Limmatufer, die ebenfalls auf die Fries-Anlage zurückgeht. Weitere Platanen aus derselben Zeit standen auf dem Hügel beim Pavillon.

Nebst den erwähnten Laubbaumarten wuchsen auch zahlreiche Ulmen, Ahorne, Pyramidenpappeln, Buchen, Birken und Eichen auf dem Platzspitz. Fichten, Schwarzföhren und Eiben waren die häufigsten Nadelgehölze. Berichtet wird auch von Blütensträuchern, Mahonien, Rosen, malerischen Rhababerstauden sowie von der für die Ausstellung sehr aufwendig gestalteten Wechselflorbepflanzung. Die heute noch bestehende Weissdornhecke entlang des Sihlufers bezeichnete Dodel damals als neu gepflanzt.

Trotz gewisser Anlaufschwierigkeiten wurde die Ausstellung zum grossen Erfolg. Die erste historisch anerkannte Landesausstellung mit über 5000 Ausstellern und 1,7 Millionen Besuchern wurde zum nationalen Ereignis von bisher unbekanntem Ausmass. Nach fünfmonatiger Dauer fand am 2. Oktober 1883 die Schlussveranstaltung statt. Tags darauf begannen die Abbruch- und Aufräumarbeiten und bis Ende Jahr war die Anlage bis auf das Café, den Musikpavillon, das Aquarium und weitere Kleinelemente geräumt. Das Ausstellungskomitee übergab den Platz wieder der Stadt und offerierte ihr gleichzeitig eine Summe von 30 000 Franken, verbunden mit der Auflage, das frei gewordene Ausstellungsareal «zur Platzpromenade zu schlagen, dasselbe nie zu Privatzwecken zu veräussern, und endlich die Promenade gegen die Kornhausstrasse (heute Museumsstrasse) vermittelst Sockel und Geländer abzuschliessen». Der Musikpavillon wurde der Stadt geschenkt.

Die darauf folgenden Umgestaltungsarbeiten dauerten von Juni bis September 1884. Während die Einzäunung entlang der Kornhausstrasse im September 1884 realisiert wurde, blieb die geplante Absperrung am Spitz vorläufiger Streitpunkt um das Wegerecht durch die Platzpromenade mit der damals noch selbstständigen Gemeinde Unterstrass.

Als nach dreijährigem Streit sämtliche Rekurse der Gemeinde Unterstrass abgewiesen waren, erarbeitete der Stadtbaumeister ein neues Projekt zur Schliessung der Anlage beim Drahtschmidlisteg. Der Stadtrat beschloss jedoch im August 1886, vorderhand auf die Absperrung im Spitzbereich zu verzichten. Er begründete seinen Entscheid damit, dass einerseits ein solches Nordportal den freien Blick auf den Limmatspitz beeinträchtigen und somit der Schönheit der Anlage schaden würde. Anderseits waren, entgegen den Befürchtungen, in den Jahren ohne Nachtschliessung keine Vandalenakte an der Anlage und den darin befindlichen Objekten zu verzeichnen gewesen.

Auf Anregung und Wunsch der Bevölkerung fanden 1885 als Fortführung der Ausstellungskonzerte versuchsweise fünf Abendkonzerte im Musikpavillon statt. Sie lösten ein grosses, positives Echo aus und die Veranstalter beschlossen, diese Konzerte zu institutionalisieren. Um den Pavillon zu diesem Zweck heller zu beleuchten, wurden drei Gaslaternen durch die ersten elektrischen Glühbirnen in der Anlage ersetzt.

Im gleichen Jahr wurde der Rondellbereich der Kommission für Kinderspiele zur Verfügung gestellt. Für die Unterbringung von Spielgeräten wurde ein kleines Magazin errichtet, das auch einen Abstellraum für den Gärtner enthielt.

Im Geschäftsbericht des Stadtrats wurde mit überschwänglichen Worten beschrieben, in welch ungeahnter Weise die Platzpromenade seit der Landesausstellung für die Benutzung erschlossen worden sei. Der grosse, neu entstandene Rasenplatz wurde von der Schuljugend zum Spielen in Anspruch genommen, war aber auch geeigneter Ort für Ausstellungen und öffentliche Anlässe aller Art. Auf Wunsch und langes Drängen eines Privatmannes wurde 1887 die Veranstaltung eines Feuerwerks im Platzspitz bewilligt, inklusive der zur Erhebung der Eintrittsgebühr nötigen, provisorischen Abschrankungen. Der Café-Pavillon der Landesausstellung wurde mit Gas, Wasser, Kochherd und Buffet neu ausstaffiert und auf die Sommersaison 1884 hin als Restaurant vermietet.

Der Künstler Viktor von Meyenburg (1834–1893), der einen Teil seines Lebens in Zürich verbracht hatte, machte der Stadt das Standbild des Zürcher Minnesängers Johannes Hadlaub zum Geschenk. Ursprünglich hatte der Künstler das Standbild als Brunnenfigur konzipiert, die auf einem schwarzen Marmorbecken mit vier Einlaufrohren in der Papierwerdanlage aufgestellt werden sollte. Der Stadt erschien jedoch das Projekt einerseits überdimensioniert, andererseits verunmöglichte die 1884 in Zürich grassierende Typhusepidemie das Errichten neuer Brunnen. Als Ausweg bot die Stadt den Platzspitz an, wo das Standbild Hadlaubs 1884 aufgestellt wurde.

1891 folgte die Errichtung des Baumgartner-Denkmals des Basler Bildhauers August Heer (1867–1922). Wilhelm Baumgartner (1820–1867) war Chordirigent, Pianist und Komponist und ein Freund Gottfried Kellers, dessen Gedicht *O mein Heimatland* er vertonte.

Im gleichen Jahr stand der Entschluss fest, ein Schweizerisches Landesmuseum zu bauen. Nach langem Kampf um den Standort erhielt Zürich von der Bundesversammlung den Zuschlag. Der südliche Teil der Platzpromenade war bezüglich Grösse und Situation mit Parkanlage als Bauplatz ideal.

Der Architekt und spätere Stadtbaumeister Gustav Gull (1858–1942) legte 1892 die Pläne für das Landesmuseum vor; gebaut wurde es in den Jahren 1894 bis 1898. Bis 1932 war die Kunstgewerbeschule im späteren Verwaltungstrakt untergebracht.

Die damaligen Überlegungen bei der Umgebungsanpassung sind im Stadtratsprotokoll vom Februar 1896 festgehalten. Das Hauptaugenmerk galt der Gestaltung des halbrunden, «von ehrwürdigen Baumriesen» eingefassten Platzes im Norden des Gebäudes. Die Fontäne der Landesausstellung wurde durch zwei grosse, die Querachse betonende Wasserbecken ersetzt, die das Publikum – dank Absenkung des Geländes – über die breite Freitreppe vom Museumshof her erreichen konnte. Die segmentartigen Rasenbeete bildeten den Vordergrund der imposanten Baumkulisse. Der Pavillon musste aus der Hauptachse weichen und «hinter die Bäume» verlegt werden, an einen Ort, wo er «ohne Beeinträchtigung der Promenade» aufgestellt werden konnte. Der Kostenvoranschlag für die Verlegung von 4500 Franken liess die Frage aufkommen, ob eine Versetzung überhaupt gerechtfertigt sei.

Die Budgetknappheit war schon 1896 ein Thema. Grösste Sparsamkeit bei den Umgebungsarbeiten war oberstes Gebot. Es musste alles weggelassen werden, was nicht «unbedingt zur gehörigen Herstellung des grossen Ganzen» erforderlich war. Trotz Finanzknappheit gutgeheissen wurde die Einfriedung der Anlage gegen den Bahnhofquai hin.

Der schmale Streifen zwischen Sihl und Westseite des Landesmuseums wurde in der gleichen Formensprache wie der übrige Park neu gestaltet. Er bekam eine gewisse Bedeutung als zusätzlicher Parkeingang.

30
Stimmungsbild des Ausstellungssommers 1883.
Eine Blaskapelle bereitet sich auf ihren Auftritt im neuen Musikpavillon vor, während die Gärtner links im Bild die Rabatten pflegen.

31
Vogelschau Landesausstellung 1883. Am Standort des heutigen Landesmuseums wurde die hölzerne Industrie-Halle errichtet. Auf der gegenüberliegenden Seite der Sihl bildete die Maschinen-Halle die Fortsetzung der Ausstellung.

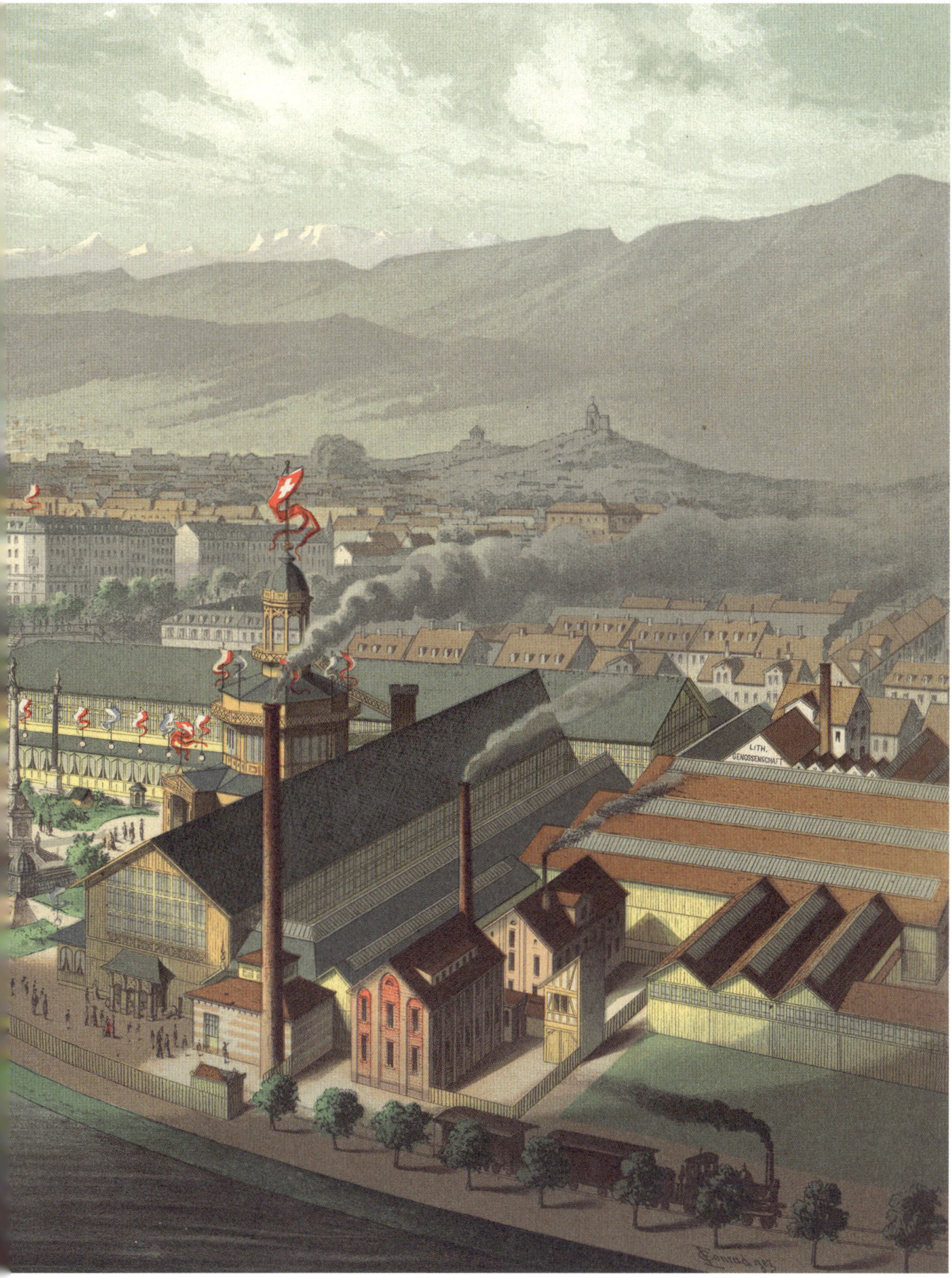
LITH.
GENOSSENSCHAFT

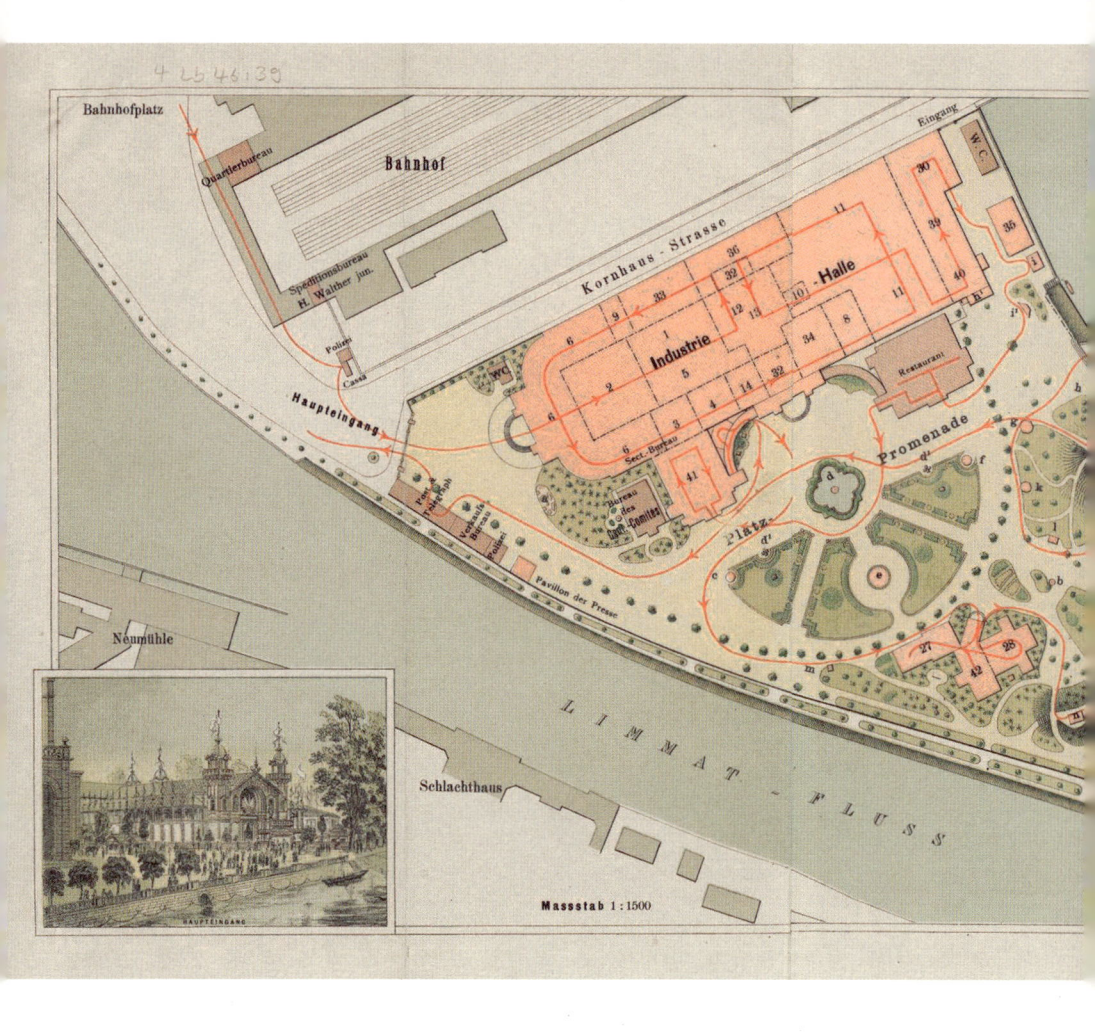

32
«Einziger offizieller Plan der Schweiz. Landes-Ausstellung», Zürich 1883. Ein Routenvorschlag lotst die Besucher durch das reichhaltige Angebot an Sehenswürdigkeiten. Aus Anlass der Landesausstellung wurde die Parkanlage im Stil des zeitgenössischen Landschaftsgartens umgestaltet und mit zahlreichen Ausstellungsarchitekturen geschmückt. Von der gut hundertjährigen Barockanlage wurden nur die Alleen und das Gessner-Denkmal übernommen.

67

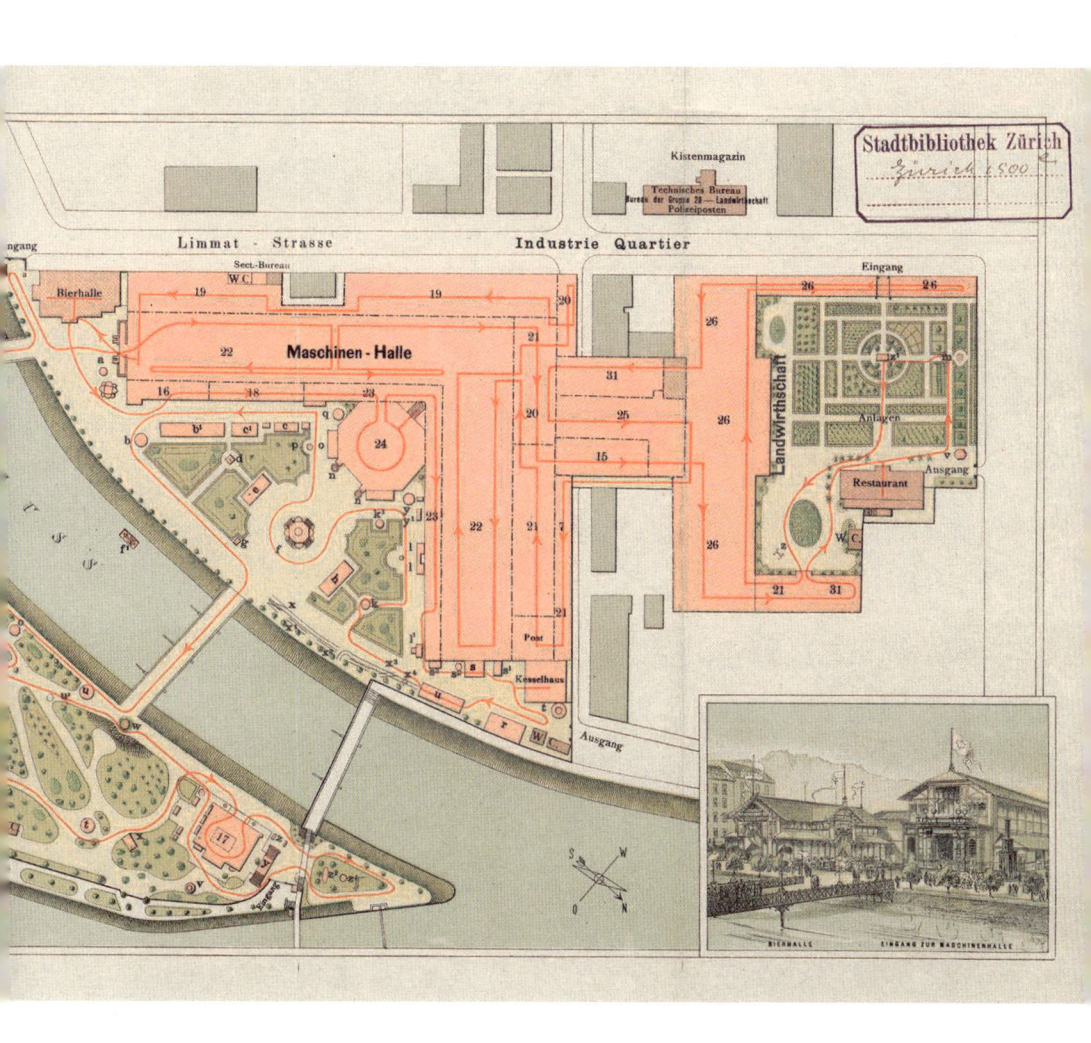

33
Conditorei-Pavillon, 1883. Für die Ausstellung wurde der Barockpavillon zum Café ausgebaut. Im Vordergrund sind die typischen Schmuckbeete des Landschaftsgartens, sogenannte «Blumentorten», zu erkennen.

34
Nach der Landesausstellung fand der Conditorei-Pavillon Verwendung als «alkoholfreies Restaurant Platzpromenade». Idyllisch waren die fluss- und parkseitigen Terrassenplätze.

35
Ein Kuriosum der Ausstellung war ein als Grotte
gestaltetes Aquarium. Es erfreute sich grosser
Beliebtheit und wurde erst 1904 abgebrochen.

36
Wahrzeichen der Landesausstellung 1883 waren die grosse Fontäne vor der Industrie-Halle und der Musikpavillon mit seinem ursprünglich imposanten Zwiebelturm. Dieser Parkbereich wurde mit dem Bau des Landesmuseums umgestaltet.

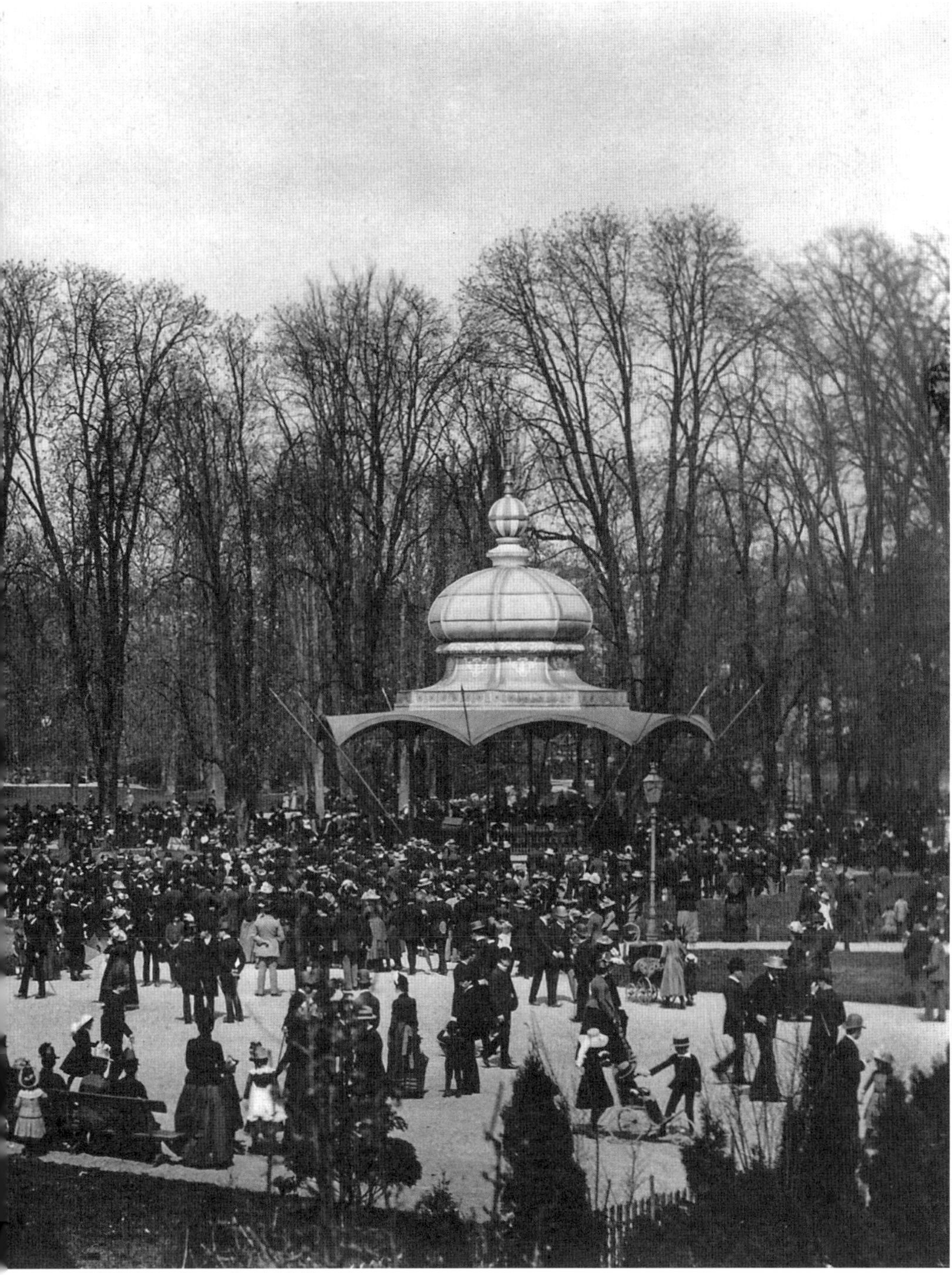

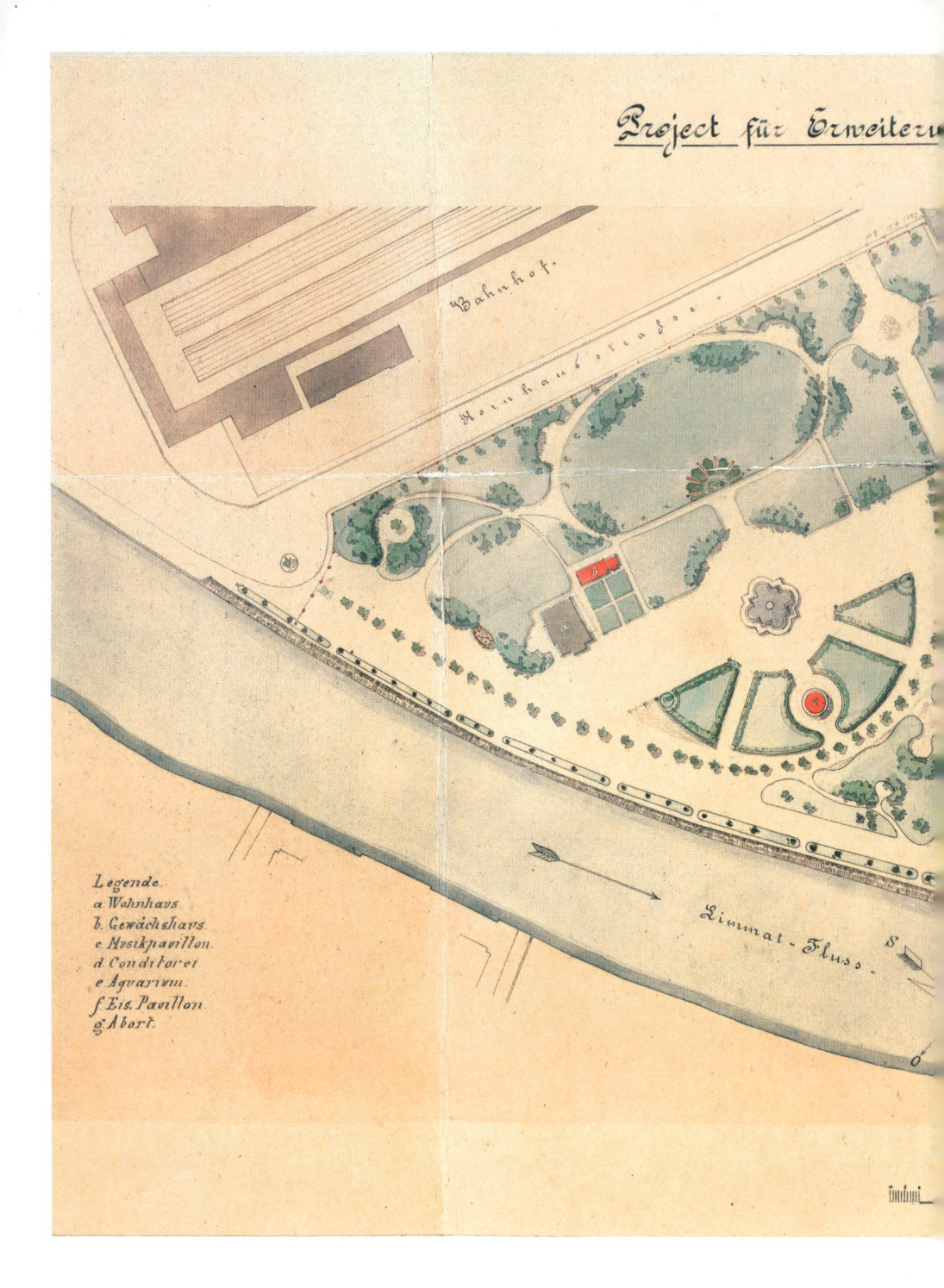

37
Projektplan 1884, nach Schliessung der Landesausstellung. Die Fläche, die zuvor von der Industrie-Halle belegt war, wurde begrünt. Geplant war die Absperrung in Spitznähe, die heute Realität ist, aufgrund heftiger Proteste kam sie aber damals nicht zur Ausführung.

...atzpromenade.

Limmat-Strasse.

Sihl-Fluss.

Maaſsstab 1:1000.

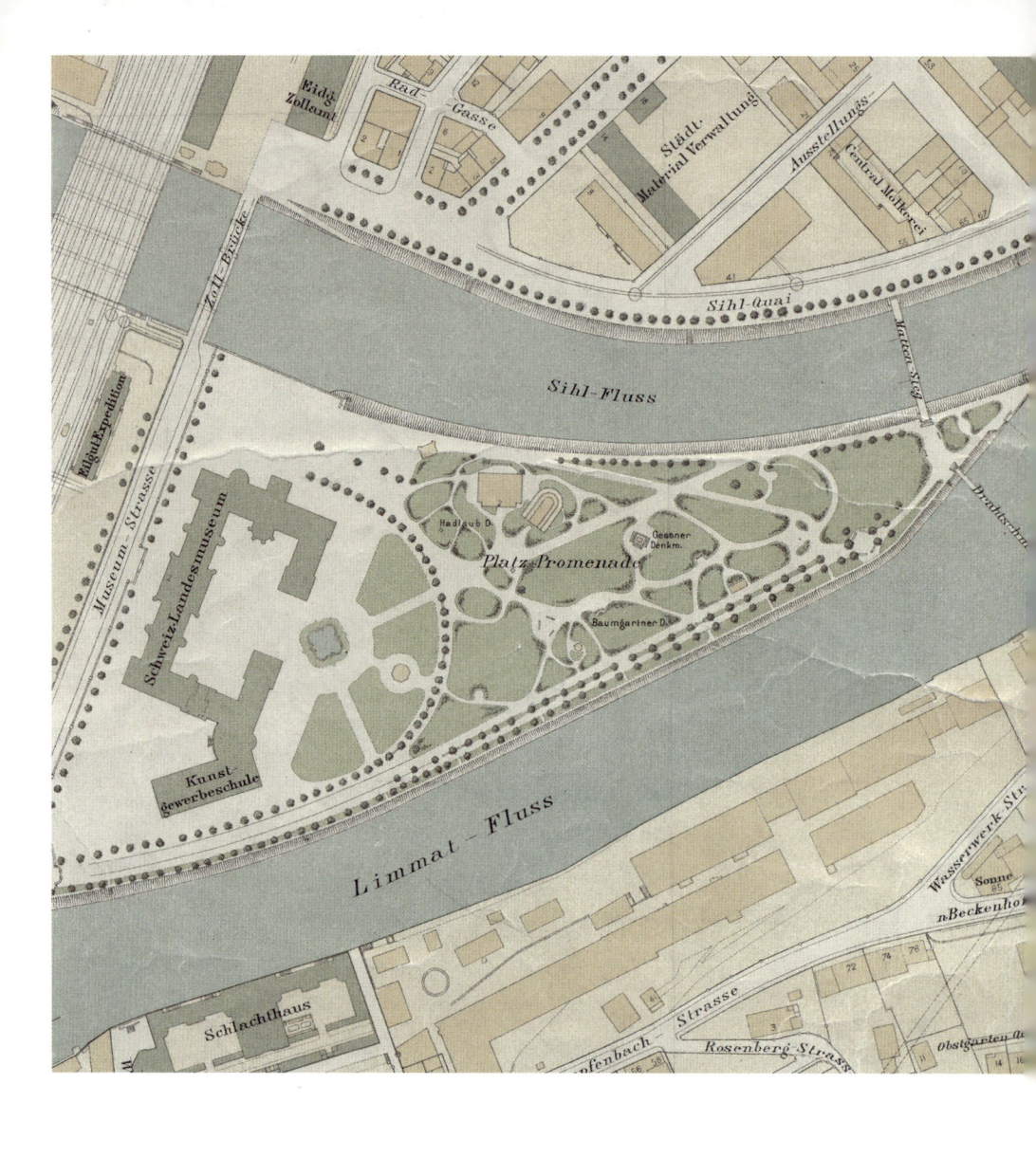

38
Stadtplan von 1894 (Ausschnitt). Das Landesmuseum ist bereits eingezeichnet, die Parkanlage entspricht noch derjenigen der Landesausstellung von 1883.

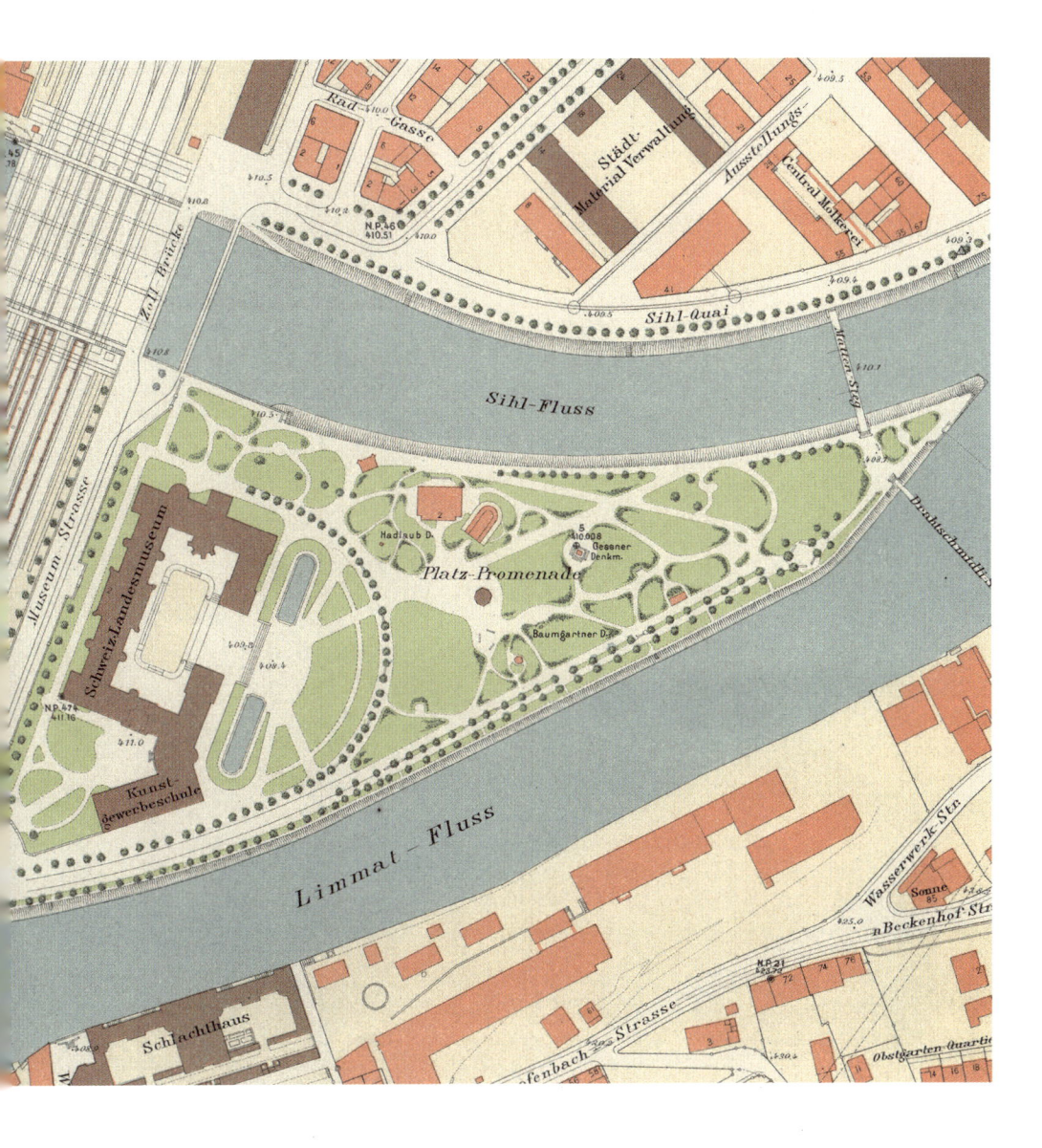

39
Stadtplan von 1899 (Ausschnitt). Die Parkanlage im Nahbereich des Museums ist neu gestaltet, der Musikpavillon an den heutigen Standort versetzt.

4420 Zürich - Schweiz. Landesmuseum

40
Mit dem Bau des Landesmuseums wird der Übergang zum Platzspitzpark neu gestaltet. Eine breite Freitreppe führt vom Museumshof in den Park, zwei elegante Wasserbassins betonen als Querachse die Parkfassade des Museums.

41
Das alkoholfreie Restaurant mit der sihlseitigen Terrasse als Postkarten-Sujet 1905. Das Gebäude wurde 1954 abgebrochen. Die zwei die Terrasse flankierenden Platanen, erstmals auf dem Feer-Plan von 1786 (Abb. 15) dargestellt, sind heute noch als überaus beeindruckende Baumriesen vor Ort zu bewundern.

42
Das Denkmal für den Zürcher Minnesänger
Johannes Hadlaub wurde 1884 im Platzspitz
aufgestellt. Heute steht nur noch der Sockel, der
Kopf der Plastik wurde 1990 durch einen Ast-
abbruch zerstört.

43
Die Postkarte aus der Zeit der Jahrhundertwende zeigt die parkartig gestaltete und eingefriedete Eingangspartie des neuen Landesmuseums.

44
Landesmuseum, Westseite, 1902. Eine der wenigen zeitgenössischen Ansichten der neugestalteten Umgebung.

45
Bau der Walchebrücke, des Kioskes und des
Eingangsportals in die Parkanlage 1912/13.

Das 20. Jahrhundert bis zum Tiefpunkt der offenen Drogenszene

1912/13 wurde die Walchebrücke gebaut, die zusammen mit der bereits bestehenden Zollbrücke eine neue Verkehrsachse vor dem Landesmuseum bildete. Gleichzeitig mit der Brücke errichtete man den Kiosk mit Bedürfnisanstalt sowie das steinerne Eingangsportal. Die Platzpromenade erhielt damit eine eindrucksvolle neue Eingangssituation.

Mit der fortschreitenden Stadtentwicklung wurde der Platzspitz zum stillen Reduit, zur grünen Oase, wo man «naturhafte Ruhe» mitten in der Stadt finden konnte. Ein Zeitungsbericht in den 1940er-Jahren zählte die Parkbesuchergruppen auf: Mütter mit Kleinkindern, Kinder, die vor allem von den Wasserbecken zum Spielen angezogen wurden, Senioren, welche die vielen Ruhebänke schätzten, Erwerbstätige, die ihre Arbeitspausen zur ungestörten Lektüre im Platzspitz nutzten und schliesslich die Liebespaare, die hauptsächlich nachts die romantisch gelegene Anlage aufsuchten. Der Museumsbau wurde nicht als abtrennender Riegel empfunden, sondern als Schutzschild, der den Stadtlärm fernhielt und dem Platzspitz zu stiller Geborgenheit verhalf.

1929 wurde das von Efeu überwucherte und vernachlässigte Gessner-Denkmal mit privaten Geldern restauriert, um 45 Grad gedreht und von den Absperrgittern befreit.

Der Hirschenbrunnen des Künstlers Franz Wanger (1880–1945) kam 1912 als neue Attraktion in die Anlage und wurde in Spitznähe installiert, wo er bis 1949 stand. Nach der Entfernung des Brunnentrogs wurde der Hirsch als eigenständige Skulptur in die Anlage und näher zum Landesmuseum versetzt.

In den Jahren 1949 bis 1954 erfolgten markante Eingriffe in die Parkanlage. Im Rahmen der Zürichsee-Abflussregulierung wurde die Limmat ausgeräumt und durch ein Dachwehr am Spitz um etwa 2 Meter aufgestaut. Der eigentliche Spitz wurde um 1,5 Meter angehoben. Eine neue limmatseitige Ufermauer von der Walchebrücke bis zum Spitz musste gebaut werden, da der gestaute Wasserspiegel neu niveaugleich mit der Anlage war. Die Planer versuchten, optisch das Bild möglichst wenig zu verändern und den alten Baumbestand zu schonen. Entstanden ist eine erhöhte Promenade, deren drei Sitzplätzchen mit formwilden Granitplatten gestaltet sind. Kurze Treppenläufe führen auf den alten verschmälerten Hauptweg. Der Höhensprung von einem knappen Meter ist mit Gehölzpflanzungen kaschiert, eine «neuzeitliche Beleuchtung» erhellt die neu gestaltete Partie. Für das Gestaltungskonzept sowie dessen Ausführung zeichnete das damalige Gartenbauamt (heute Grün Stadt Zürich) verantwortlich.

Das Restaurant im erweiterten ehemaligen Barock-Pavillon musste Ende der 1940er-Jahre geschlossen werden, da es mit seinen veralteten Einrichtungen den Hygienevorschriften nicht mehr genügte. Bis zum Abbruch 1954 wurde das Gebäude als Notwohnraum für vier Familien genutzt. Danach wurde an dessen Stelle ein Kinderspielplatz eingerichtet. Ein neues Restaurant wurde trotz entsprechenden Wünschen aus der Bevölkerung nicht realisiert. Zaghafte Planungsansätze des Hochbauamts verliefen im Sand, weil das Landesmuseum Ausbaupläne hegte und allfällige Auswirkungen der geplanten Perronerweiterungen des Hauptbahnhofs abgewartet werden mussten.

Knapp hundert Jahre nach Gottfried Keller erkor eine weitere Persönlichkeit den Platzspitz zu seinem Zürcher Lieblingsplatz. James Joyce (1882–1941), der aus Dublin stammende, weltbekannte Schriftsteller und Intellektuelle, war lange Jahre mit Zürich verbunden. Während des Ersten Weltkriegs lebte und arbeitete er vier Jahre in Zürich. In den 1930er-Jahren weilte er mehrmals zu Besuch und schliesslich reiste Joyce 1940 bereits unter schwierigen Umständen erneut in die Schweiz ein, wo er im Januar 1941 in Zürich starb. Sein Ehrengrab befindet sich auf dem Friedhof Fluntern. Der Zusammenfluss von Sihl und Limmat faszinierte Joyce. In seinem letzten grossen Werk *Finnegans Wake* beschreibt er den Platzspitz, allerdings in indirekter und verschlüsselter Form. Joyce wählte auch diesen Ort, um sich im Frühling 1938 von Carola Giedion-Welcker, einer wichtigen Zürcher Bezugsperson, porträtieren zu lassen.

«Sirenen» heisst die Brunnenanlage des Winterthurer Künstlers Robert Lienhard (1919–1989), die seit 1955 den Spitz schmückt. Der Tanz der beiden Nymphen aus weissem Castione-Marmor versinnbildlicht die Vereinigung von Sihl und Limmat und die drei starken Wasserdüsen im ovalen Becken erzeugen einen temperamentvollen Wirbel. Lienhards erste Grossplastik ging siegreich aus einem Künstlerwettbewerb hervor, der aus Anlass des Dachwehrbaus am Spitz ausgeschrieben worden war.

Die Verkehrsplanung im Sihlraum ist seit Jahrzehnten ein Thema. 1968 legte ein Arbeitsausschuss von Kanton und Stadt Zürich einen umfassenden Planungsbericht mit vier Varianten von Express-Strassen zwischen Sihlhölzli und Milchbuck vor. Hochstrassen im Sihlbett standen unterirdisch geführten Varianten gegenüber. Alle Varianten sahen im Bereich des Sihlquais, also auf der Höhe des Platzspitzes, eine oberirdische Strassenführung vor, von der die Parkanlage optisch und akustisch schwer beeinträchtigt worden wäre. Ein monströses, mehrstöckiges Bauwerk hätte in einer der Varianten direkt in den Platzspitz eingegriffen und das Ende der Parkanlage bedeutet.

Nicht genau datierbar, da kaum von der Presse aufgegriffen, ist der Beginn der Nutzung durch Randgruppen. In den sechziger und siebziger Jahren des 20. Jahrhunderts war der Park ein Treffpunkt der Homosexuellen, der selbst in ausländischen Erotikführern aufgelistet war. Nach vermehrten Polizeikontrollen, der Installation heller Beleuchtung und dem Rückschnitt der Strauchgruppen, aber auch durch die Präsenz immer grösser werdender Gruppen von Alkoholikern verlagerten sich die Aktivitäten der Homosexuellen allmählich in andere Grünanlagen. In den ausgehenden 1970er-Jahren wurden die Alkoholiker mangels Alternativen im Platzspitz geduldet. Mit der Zeit richteten sie sich im Musikpavillon häuslich ein.

Mit Animationen aller Art wurde versucht, wieder breitere Bevölkerungsschichten für den Park zu gewinnen. Der Stadtrat lud zum sonntäglichen Frühstück in den Platzspitz ein. Der damalige Direktor des Verkehrsvereins hatte das Kopenhagener Tivoli und den Wiener Prater vor Augen, als er 1979 ein Projekt zur Umgestaltung des Platzspitzparks in einen «Züri Park» ausarbeiten liess. Die Idee konnte nicht Fuss fassen. Unter anderen sprach sich der Stadtpräsident Sigmund Widmer gegen die Umwandlung des Platzspitzes in einen Rummelplatz aus.

Leben kam in den Jahren 1980 bis 1982 in den Park, als die bewegte Zürcher Jugend den Platzspitz für Vollversammlungen und sonstige Anlässe nutzte.

Nach der Vertreibung von der sogenannten «Riviera» am Limmatufer, vom See und dem Hirschenplatz sowie dem Abbruch des Autonomen Jugendzentrums AJZ verlagerte sich die Drogenszene ab 1982 mehr und mehr auf den Platzspitz. Die Alkoholiker wichen ins Sihlhölzli und in die Bäckeranlage aus. Ab 1986 war die Drogenszene fest im Platzspitz installiert und begann, eine ungeahnte Eigendynamik zu entwickeln. Die Anlage wurde zum Magnet für Drogenkonsumenten aus der ganzen Schweiz und dem Ausland und als «Needle Park» zum international bekannten, festen Begriff. Nebst dem eigentlichen Drogenmarkt blühte auch der Handel mit gestohlenen Waren. Ein vermisstes Fahrrad beispielsweise konnte mit etwas Glück auf dem Platzspitz zurückgekauft werden. 1989 musste der Kinderspielplatz auf dem sihlseitigen Hügel abgebrochen werden. An Kinderspiel war auf dem Platzspitz nicht mehr zu denken. Die täglichen Reinigungen wurden ab 1988 von einer Spezialfirma mit vier bis fünf Personen durchgeführt. Die Reinigungskosten beliefen sich 1991 auf 1,2 Millionen Franken.

Im Herbst 1991 forderte der Statthalter des Bezirks Zürich den Stadtrat auf, den Platzspitz innert Monatsfrist zu räumen. Ab Dezember 1991 war die Anlage nachts geschlossen. Am 5. Februar 1992 wurde die Drogenszene definitiv aus dem Platzspitz vertrieben. Nach der Schliessung bot der Park ein erschütterndes Zeugnis menschlicher Tragödie und ein trostloses Bild der Zerstörung und Übernutzung.

Von der einst üppigen Vegetation waren nur Bäume und Reste von Strauchgruppen übrig geblieben. Die Rinde vieler Bäume war bis in erreichbare Höhe abgerissen und als Brennmaterial verwendet worden. Ein ganzes System von Löchern, alle mit blossen Händen im Wurzelbereich der Bäume gegraben, zeugte vom verzweifelten Versuch, bei Razzien den «Stoff» in Sicherheit zu bringen. Längst fehlten alle Parkausstattungen, wie beispielsweise Bänke. Arg in Mitleidenschaft gezogen waren auch die Kleinarchitekturen, allen voran der Musikpavillon.

Unmittelbar nach der Schliessung beauftragte der Stadtrat das Gartenbauamt (heute Grün Stadt Zürich), den Park innert Jahresfrist und mit möglichst geringem Kostenaufwand dem Publikum wieder zugänglich zu machen. Die Anlage sollte nicht nur restauriert, sondern attraktiver und besser nutzbar werden.

Die mit der Aufgabe betraute Arbeitsgruppe des Gartenbauamts dokumentierte zuerst den Zustand der Anlage nach deren Schliessung. Dabei zeigte sich, dass der Parkteil im Nahbereich des Landesmuseums am wenigsten beeinträchtigt war und sich fast ohne fremdes Zutun innert weniger Monate wieder erholte. Die intensivste Zerstörung und Verunreinigung war erwartungsgemäss im Bereich des Musikpavillons anzutreffen. Entgegen erster, vorschneller Pressemeldungen musste jedoch kein Bodenaustausch zur Verhütung gefährlicher Infektionsausbreitungen vorgenommen werden.

46
Das Gessner-Denkmal nach der privat organisierten Sanierung von 1929. Die Einfriedung ist entfernt, das Denkmal freigestellt.

47
Der Hirschenbrunnen von Franz Wanger stand
von 1912 bis 1949 in der Anlage. Die Bronze-
plastik blieb erhalten und steht heute am limmatseitigen Hauptweg.

48
Notwohnungen im Platzspitz, 1948. Letzter Verwendungszweck des Barockpavillons von 1782. Das Restaurant musste aus gesundheitspolizeilichen Gründen geschlossen werden.

49
Die Wasserjungfrauen aus Castione-Marmor des Künstlers Robert Lienhard aus dem Jahr 1955 versinnbildlichen den Zusammenfluss von Sihl und Limmat.

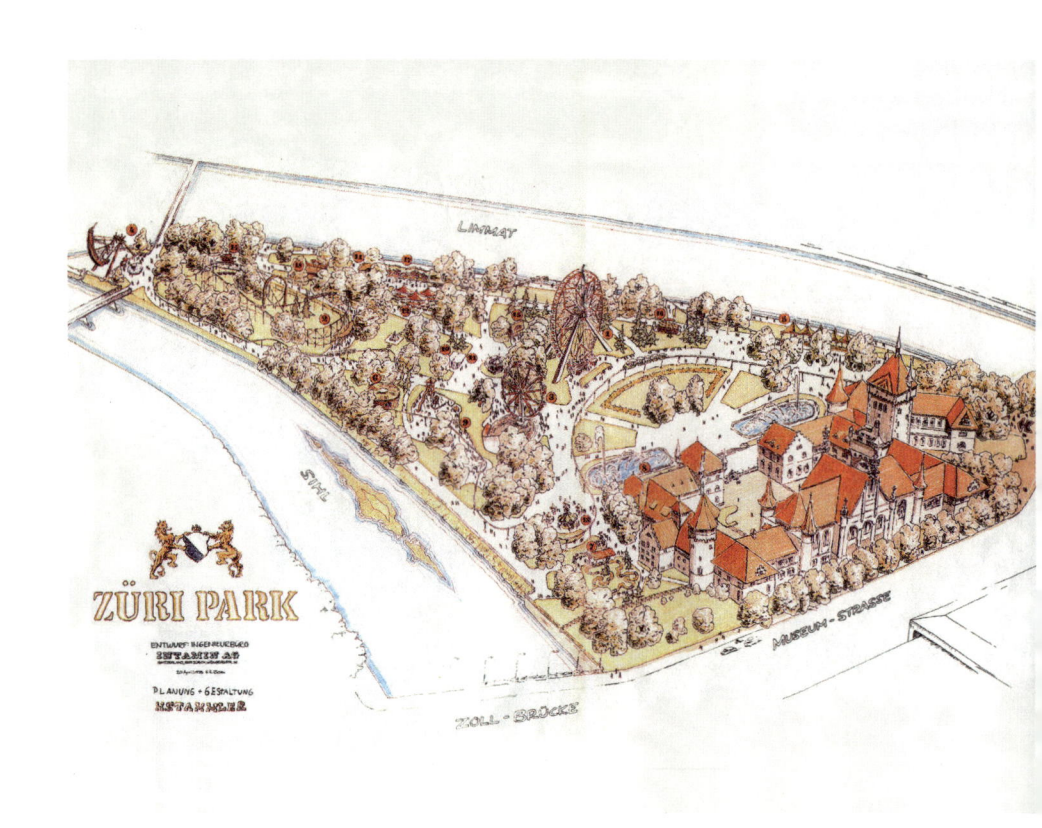

50
Der Prater in Wien und das Tivoli in Kopenhagen standen Pate, als 1979 ein Projekt zur Umwandlung des Platzspitzes in einen Vergnügungspark vorgestellt wurde. Die Initianten erhofften sich eine Belebung des Ortes. Die Idee löste aber wenig Begeisterung aus.

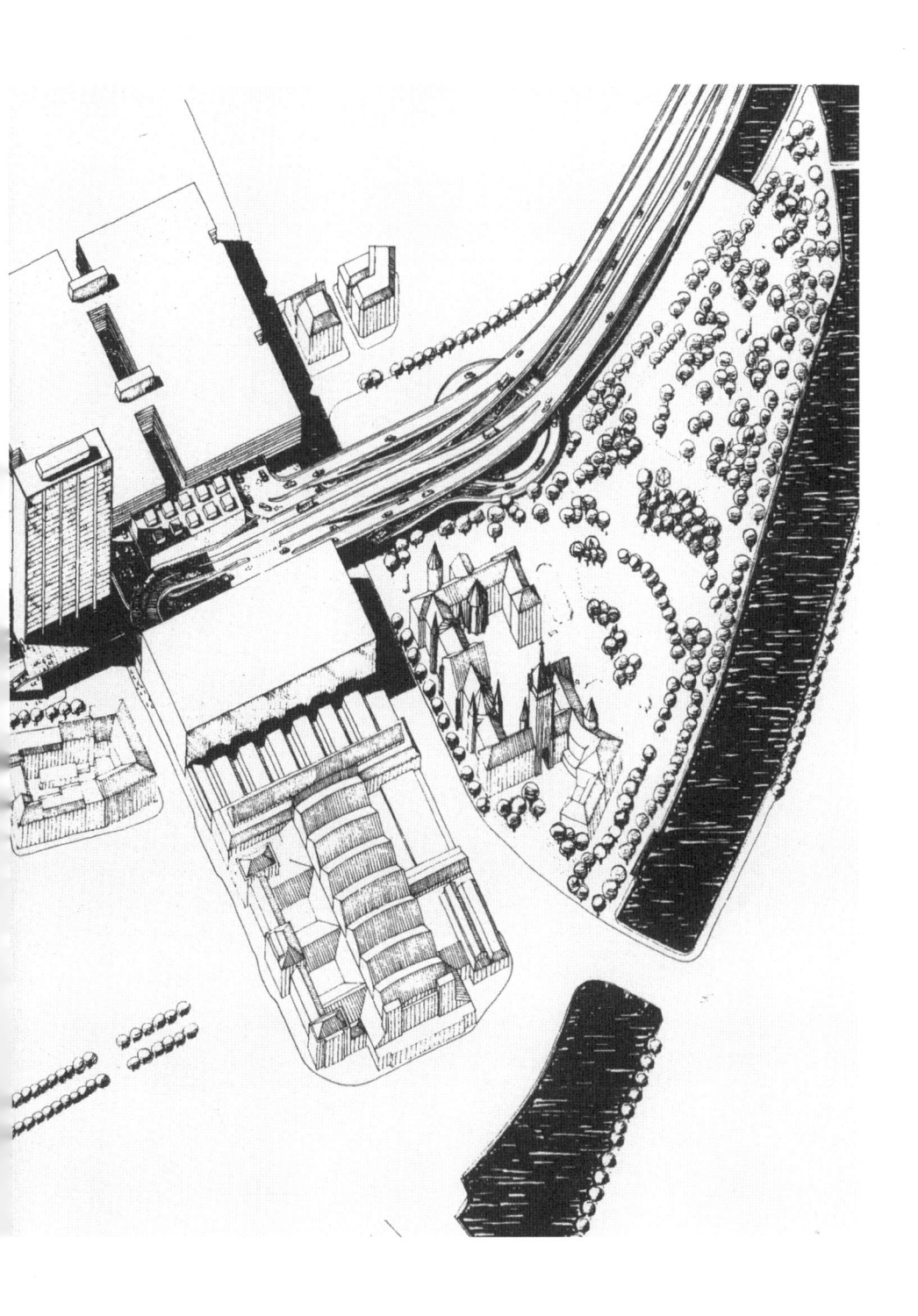

51
Variante «Unterirdische Express-Strasse City», November 1968. Das Sihlbett im Bereich des Platzspitzes sowie ein Teil der Parkanlage wären für das aufwendige Vorhaben beansprucht und damit zerstört worden.

52
Januar 1990, Tagesanbruch auf dem Platzspitz.

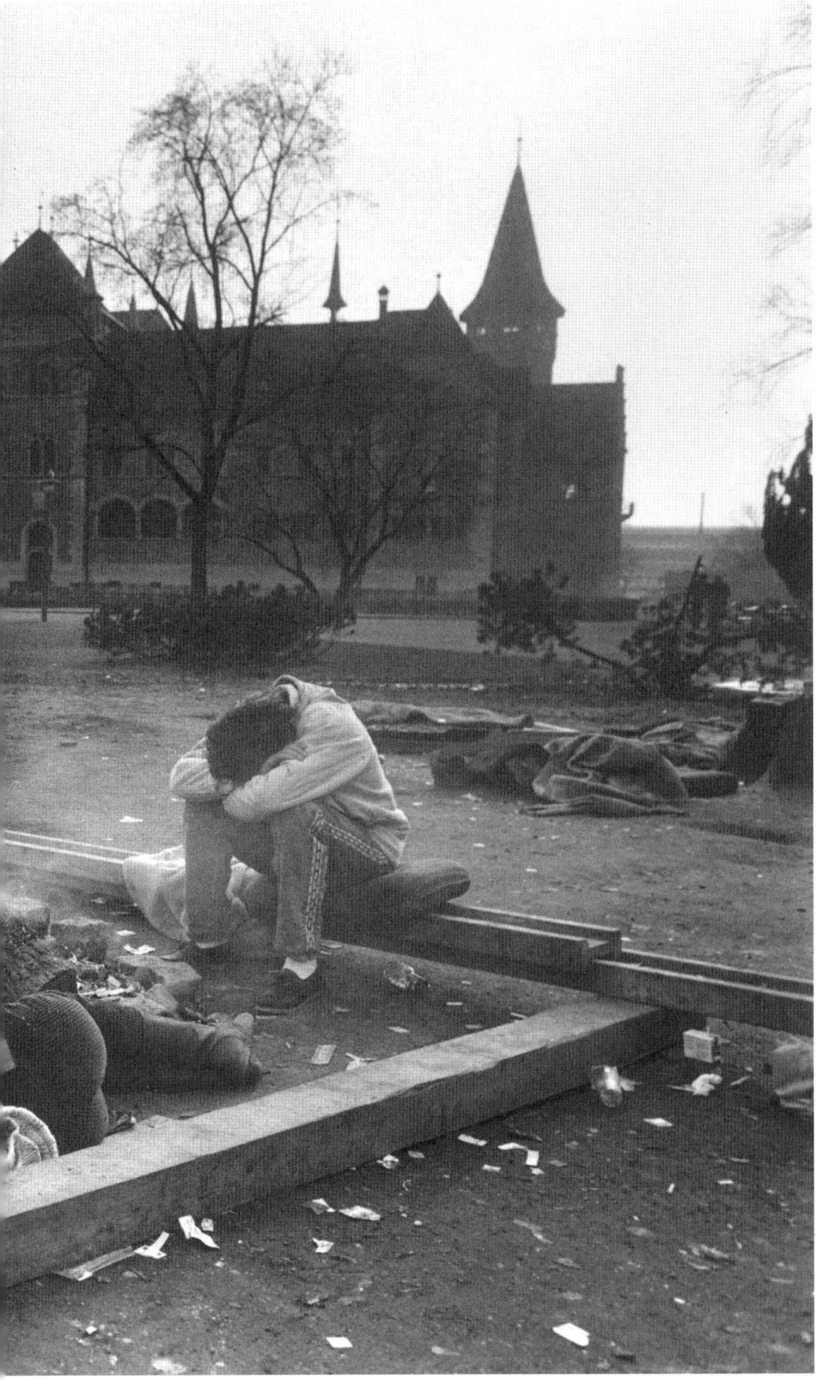

53, 54
Die Bilder vom Frühling 1992 dokumentieren den Zustand der Anlage an ihrem Tiefpunkt. Weg- und Rasenflächen gingen nahtlos graubraun ineinander über. Die Regenerationskraft der Natur half mit, den anschliessenden Sanierungsmassnahmen zu einem raschen und positiven Ergebnis zu verhelfen.

55
Die bogenförmige Kastanienreihe von 1780,
deren letzte Bäume bis in die frühen 1980er-Jahre
noch standen, wurde neu gepflanzt.

Restaurierung und partielle Neugestaltung 1992/93

Eigentliche Grundlage für die Restaurierungs- und Projektierungsarbeiten am Platzspitz bildete die historische Spurensicherung. Das umfangreiche Quellenmaterial belegte, dass aus jeder Epoche noch Zeugnisse erhalten waren, welche die Geschichte des Ortes erfahrbar machen. Aus der Barockanlage von 1780 stammt beispielsweise das Gessner-Denkmal. Auch zwei Platanengruppen und die charakteristische Bogenform der ursprünglichen Kastanienreihe, der sich alle späteren Gestaltungen unterordneten, stammen von 1780. Auf die Landesausstellung von 1883 gehen die halbkreisförmigen Rasenbeete und der Musikpavillon zurück, der damals noch das Zentrum dieser Beete markierte. Mit dem Bau des Landesmuseums entstand die auf den Baukörper Bezug nehmende Querachse mit den zwei symmetrisch angeordneten Wasserbecken und der monumentalen Treppe. Dabei entging der Musikpavillon nur knapp dem Abbruch und wurde an den heutigen Ort versetzt. Noch zierte ihn damals der mächtige Zwiebelturm, ein Schmuckelement des Historismus. Wann und aus welchem Anlass die Zwiebel durch die heutige schlichte Spitze ersetzt wurde, ist nicht aktenkundig. Anzunehmen ist, dass in den 1930er-Jahren im Zug der sogenannten Purifizierung, dem Weglassen üppigen Schmucks zugunsten einer klaren, einfachen Linie, diese Dekoration verschwand.

Ziel der im Frühling 1992 in Angriff genommenen Arbeiten war, die noch vorhandenen, originalen Spuren zu sichern und die gesamte Anlage wo nötig schonend zu restaurieren, ohne dabei verlorengegangene Teile zu rekonstruieren. Die Gestaltung eines Platzes um den Musikpavillon ist die einzige markante Neuerung.

Die Instandstellung des Wegnetzes, das mehrheitlich auf das Ende des 19. Jahrhunderts zurückgeht und in den Jahren der offenen Drogenszene arg in Mitleidenschaft gezogen worden war, bildete den Auftakt der Restaurierungsarbeiten. Oberflächen, Randabschlüsse und Entwässerung mussten weitgehend erneuert werden.

Grosse Aufmerksamkeit wurde der Entwicklung eines Alleenkonzepts unter Einbezug der alten Bäume geschenkt. Den limmatseitigen Hauptweg säumt nach historischem Vorbild eine gemischte Allee mit Linden und Ahornen. Markante Säuleneichen und Säulenpappeln unterbrechen die Allee und weisen auf Neuerungen im Parkinnern hin, wie den neu gestalteten Platz um den Musikpavillon.

Die sihlseitige Promenade wird von einer Platanenreihe begleitet, die an die bestehenden, prachtvollen Altbäume anknüpft.

Das städtische Elektrizitätswerk entwickelte eigens für den Platzspitz einen neuen Kandelaber, der dank seiner Vandalensicherheit weitere Verbreitung in den Zürcher Parkanlagen fand.

Die bogenförmige Kastanienreihe aus der Barockzeit, deren letzte Bäume bis zu Beginn der 1980er-Jahre noch standen, wurde gesamthaft neu gepflanzt. Damit erhielten die halbkreisförmigen Rasenbeete ihre ursprüngliche Fassung zurück und der Park den räumlich notwendigen Filter zwischen dem museumsnahen Repräsentationsteil und dem spitznahen Landschaftsteil. Die Bänke mit schwenkbarer Lehne sind Prototypen und bieten die

Möglichkeit, die Aussicht nach eigenem Wunsch zu wählen.

Der Musikpavillon hatte seit seiner Versetzung 1896 keine angemessene Umgebung mehr, stellt aber noch immer einen grossen Anziehungspunkt in der Anlage dar. So schien es folgerichtig, an dieser Stelle einen neuen Platz zu schaffen. Er macht den Pavillon zur Bühne, kann aber auch unabhängig vom Pavillon ein Eigenleben entwickeln. Als einzige Belagsfläche im Park ist der von einer Sitzmauer aus Ortsbeton gefasste Platz geteert und damit belastbar. Die für Feste notwendige Infrastruktur wie Wasser- und Stromanschluss ist hier installiert.

Die Restaurierung von Musikpavillon und Kleinbauten erfolgte durch das Hochbauinspektorat der Stadt Zürich in Zusammenarbeit mit der Denkmalpflege. Nach Abschluss aller Arbeiten wurde der Platzspitz im Juni 1993 zuerst nur stunden-, dann tageweise wieder geöffnet. In den ersten Monaten kontrollierten Bewachungsfirmen Eingänge und Anlage. Grund für die Zurückhaltung war die Angst vor der unbewältigten, nur wenige hundert Meter flussabwärts neu etablierten Drogenszene am Letten.

Seit 1994 ist der Park ganztägig geöffnet, nachts aber geschlossen. Um die wichtige Fussgängerverbindung zwischen Hauptbahnhof und Kreis 6 über den Matten- und Drahtschmidlisteg rund um die Uhr offen zu halten, musste ein zusätzlicher Zaun in Spitznähe eingezogen werden, wodurch die umstrittene und damals nicht ausgeführte Absperrung nach der Landesausstellung 1884 gut hundert Jahre später doch noch Realität wurde.

56
Rockkonzert kurz nach Wiedereröffnung der Anlage, Sommer 1993.

57
In den späten 1990er-Jahren sind die Wunden der offenen Drogenszene nicht mehr sichtbar und Kinder spielen wieder ausgelassen auf dem kleinen Hügel, der einst für den Bau des Barockpavillons geschüttet wurde.

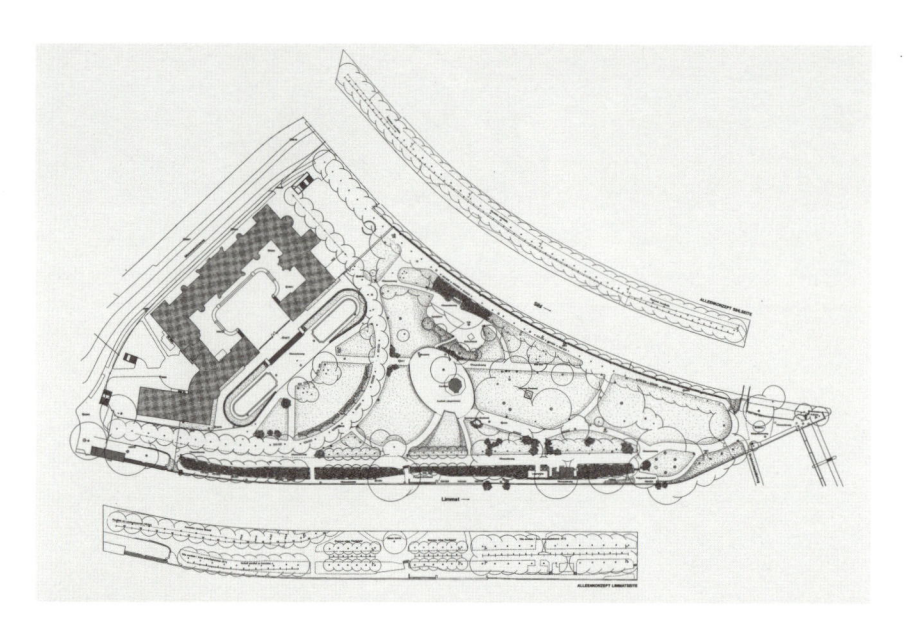

58
Projektplan für die Restaurierung und teilweise Neugestaltung der Platzspitz-Anlage, Gartenbauamt 1992. Besonderes Augenmerk gilt dem Aufbau der neuen Alleen entlang Sihl und Limmat.

59
Vogelschau auf den ovalen, 1992 neu gestalteten Platz um den Musikpavillon. Die Aufnahme wurde im Frühling 2016 mit Hilfe einer Drohne realisiert.

60
Sommerliches Lesevergnügen am limmatseitigen Ufer. Der unbeschwerte Alltag hat rund zehn Jahre nach der Wiedereröffnung definitiv Einzug in die Anlage gehalten.

61
Die sihlseitige Promenade wird von einer Platanenreihe begleitet, deren älteste Bäume vermutlich noch aus dem späten 19. Jahrhundert stammen. Jungbäume ergänzen die Reihe. An Sihl und Limmat ist interessant zu beobachten, dass die Platanen unabhängig von der Himmelsrichtung ihre Kronen zum Wasser neigen.

Erweiterung des Museums als jüngster Gestaltungsbeitrag

Während die Bevölkerung ab 1993 eher zaghaft auf den Platzspitz zurückkehrte, entwickelte sich die Vegetation umso erfreulicher. Die über hundert neu gepflanzten Bäume wuchsen dank hohem Grundwasserspiegel an und schon wenige Jahre nach der Wiedereröffnung waren die Wunden der Grünsubstanz verheilt. Dank dem üppig wachsenden Grün verblassten die Schreckensbilder der zurückliegenden Jahre und eine unbeschwerte Normalität kehrte in den Parkalltag zurück. An sonnigen Tagen verbringen Hunderte aus den umliegenden Büros ihre Mittagspause im Park und gönnen sich vereinzelt ein Nickerchen auf den Wiesenflächen, wo Mütter ihre Kleinkinder wieder spielen lassen. Die Schliessung des Platzspitzes während der Nacht, die intensive Pflege der Anlage durch einen permanent anwesenden Parkgärtner und die regelmässigen Polizeikontrollen sind bis heute Voraussetzungen für die Wahrung dieses Zustands.

1997 reichte das Museum beim Zürcher Stadtrat ein Gesuch um einen politischen Entscheid zu baulichen Erweiterungsabsichten für ein zeitgemässes Landesmuseum ein. Das Museum sah sich vor die Aufgabe gestellt, den Anforderungen an ein modernes und publikumswirksames Nationalmuseum weiterhin entsprechen zu können, wozu mehr Raum für permanente Ausstellungen, wie auch für Wechselausstellungen benötigt wurde. Zudem wurde eine umfassende Sanierung des 1898 eröffneten Altbaus von Gustav Gull unumgänglich.

Der Stadtrat unterstützte das Vorhaben, auch wenn erste Abklärungen ergaben, dass dem Wunsch des Museums entsprechend eine Erweiterung nur direkt an Ort auf dem Platzspitz infrage kam. Dies wiederum erforderte aufwendige planungsrechtliche Schritte, da der Platzspitzpark in der überkommunalen Freihaltezone liegt und als Gartendenkmal inventarisiert ist.

Im Frühling 2000 wurde ein Ideenwettbewerb öffentlich ausgeschrieben. Das Interesse war gross. Rund 300 Architekten und Planer bewarben sich und 141 Büros lieferten im September 2000 ihre Entwürfe ab. Die Jury wählte 15 Siegerbeiträge mit unterschiedlichen Lösungsansätzen aus, die am darauffolgenden Projektwettbewerb teilnahmeberechtigt waren. Im Jurybericht wurde festgehalten, dass der im Vorfeld nicht unumstrittene schlossartige Altbau von Gustav Gull weiterhin das Hauptgebäude des Museums bleiben, das Landesmuseum aber insgesamt eine neue Präsenz im Stadtbild durch kluge und sorgfältige Ergänzung und Anfügung erhalten solle. Der Jury schwebte die Vision eines neuen Landesmuseums als zeitgemässes Gesamtkunstwerk von gesellschaftlicher Relevanz vor.

Rund ein Jahr später, im Oktober 2001, startete der Projektwettbewerb. Zugelassen waren nebst den 15 Siegerbeiträgen des Ideenwettbewerbs 15 weitere Büros, die aus einer Präqualifikation hervorgegangen waren. Insgesamt wurden 29 Arbeiten eingereicht und im Juni 2002 juriert.

Das Projekt von Christ & Gantenbein, einem jungen Architekturbüro aus Basel, wurde zum Wettbewerbssieger gekürt und die Weiterbearbeitung zur Ausführung empfohlen. Das Projekt überzeugte die Jury durch einen Anbau, der einen Rundgang durch das Museum ermöglicht und damit ausstellungstechnisch interessante Voraussetzungen schafft. Ebenso gefiel den Experten die Vereinigung zweier eigenständiger Baukörper aus verschiedenen Gestaltungsepochen zu einem neuen Ganzen. Der vorgesehene Ersatz des Kunstgewerbeflügels und die Beanspruchung des gesamten Bauperimeters mit einer markanten Verkleinerung der Parkfläche wurden hingegen kritisch angemerkt.

Im Sommer 2003 lag der kantonale Gestaltungsplan vor, der den baurechtlichen Rahmen für die geplante Museumserweiterung unter Abwägung aller Schutzanliegen von Altbau und Park vorgab. Gutachten auf Bundes- wie auch auf Kantonsebene wurden zur Beurteilung des Gestaltungsplans erstellt, die strittigen Punkte betreffend Kunstgewerbeflügel und Parkbeanspruchung dabei besonders unter die Lupe genommen. Dank dieser Expertengutachten blieb der Kunstgewerbeflügel als wichtiger Teil des Ensembles bestehen und auf der Parkseite konnte der Bebauungsperimeter so weit verkleinert werden, dass beide markanten Ginkgo-Bäume sowie eine grosse Eiche und eine Buchengruppe erhalten werden konnten. Nachdem der Gestaltungsplan im Sommer 2004 noch öffentlich aufgelegen war und weitere Einwände auch zugunsten der Parkanlage eingearbeitet worden waren, setzte der Kantonsrat den Gestaltungsplan im November 2004 fest. Parallel dazu wurde der Baubereich aus dem Inventar der Gartendenkmalpflege entlassen.

Gegen die Festsetzung des Gestaltungsplans rekurrierten der Zürcher Heimatschutz und die Gesellschaft für Gartenkultur. Ihre Rekurse wurden jedoch abgewiesen. Im weiteren Projektierungsprozess konnte der Erweiterungsbau zwecks Kosteneinsparung und zur Schonung der Parkanlage weiter redimensioniert werden.

Von 2006 bis 2009 erfolgte als erste Baumassnahme die Sanierung des bahnhofseitigen Flügels von Gustav Gulls Altbau. Im Juni 2010 fand als letzter Schritt vor Beginn des Erweiterungsbaus eine Gemeindeabstimmung statt. Die Abstimmungsvorlage «Standortbeitrag und Landabtretung zwecks Erweiterungsbau des Schweizerischen Landesmuseums von 10 Mio. Franken» wurde mit 54,2 Prozent gutgeheissen.

Der Spatenstich für den Erweiterungsbau erfolgte am 2. März 2012, rund zehn Jahre nach der Wahl des Siegerprojekts. Nach gut vierjähriger Bauzeit öffnete das erweiterte Landesmuseum am 1. August 2016 seine Tore. Die restliche Altbausanierung wird sich voraussichtlich noch bis ins Jahr 2020 hinziehen.

Für die Vorplatz- und Innenhofgestaltung zeichnet das bekannte Zürcher Landschaftsarchitekturbüro Vogt verantwortlich. Ihre Gestaltung nimmt Bezug auf den besonderen Ort zwischen den Flüssen Sihl und Limmat. Die Beläge mit eingelegten Kieseln erinnern an die wilde Sihl, die ihr Geschiebe bis zum Bau des Sihlsees um 1930 immer wieder hier deponierte.

62, 63
Mit stoischer Ruhe beobachten Wilhelm Baumgartner seit 1891 und Salomon Gessner bereits seit hundert weiteren Jahren die Entwicklung der Parkanlage. Was werden sie in Zukunft zu sehen bekommen?

Daniel Kurz

Dunkle Krone –
Der Erweiterungsbau

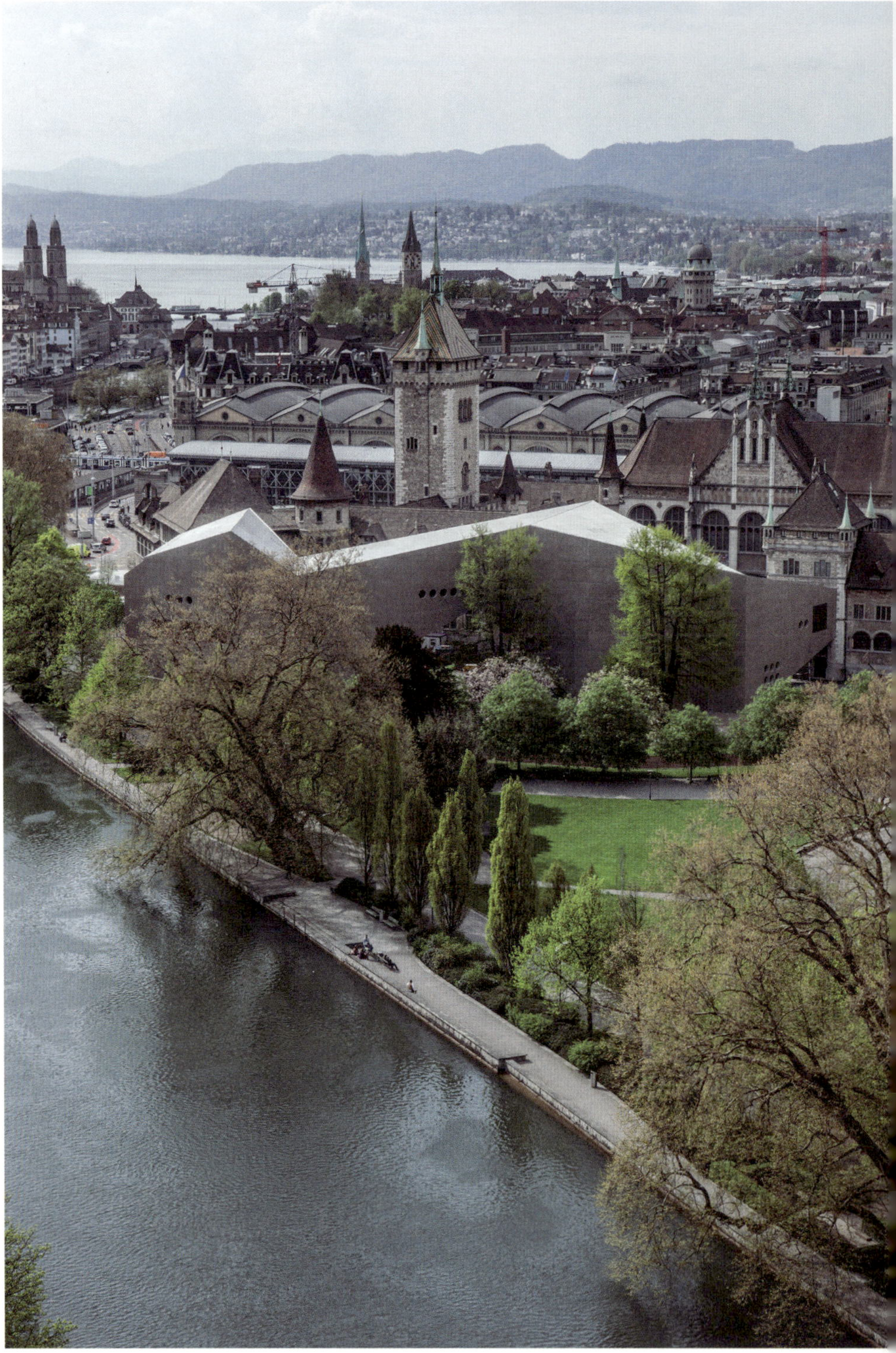

Wenige Schritte vom hektischen Verkehrsgewühl am Zürcher Hauptbahnhof ist der Platzspitz ein bemerkenswert stiller Ort. Im Schatten der mächtigen, weit über 200 Jahre alten Platanen herrscht besinnliche Ruhe; selten sind viele Menschen anzutreffen, und Kinderstimmen hört man hier kaum. Seine in die Zeit der Aufklärung zurückgehende, an Veränderungen reiche Geschichte, die zentrale Lage, das Aufeinandertreffen der zwei so unterschiedlichen Flüsse Limmat und Sihl und vor allem der unvergleichliche Baumbestand machen den Platzspitz zu einem der wichtigsten Freiräume der Stadt. 100 Jahre lang gab ihm das 1898 von Gustav Gull erbaute Landesmuseum einen klaren Bezugspunkt und eine bildhafte, von Giebeldächern und Türmen gekrönte Silhouette. Sein Ehrenhof, der sich zum Park hin öffnete, sorgte für Tiefenwirkung und verband das Haus mit dem Freiraum. Gerade hier mit der Museumserweiterung einen bedeutenden Neubau zu setzen, war von Anfang an ein heikles Experiment.

Ausbruch aus der baulichen Stagnation?

Zürichs Innenstadt kannte in den letzten 40 Jahren wenige bauliche Veränderungen. Grosse Teile des Baubestands sind denkmalgeschützt, und nur sehr selten entstehen städtebaulich markante Neubauten. Wesentliche Eingriffe erfolgten seit den 1970er-Jahren meist unterirdisch oder kaum sichtbar hinter historischen Fassaden. Das gilt auch für die neue Durchmesserlinie der SBB, die den Hauptbahnhof mit Oerlikon verbindet. Vor diesem Hintergrund wurde der selbstbewusste Neubau der Perrondächer am Hauptbahnhof 1997 (Meili, Peter und Knapkiewicz & Fickert Architekten) als befreiender und mutiger Schritt begrüsst. Er zeigte, dass bauliche Erneuerung nicht mit Verlust einhergehen muss.

Dieser Erfolg liess es denkbar erscheinen, auch gegenüber, im Bereich eines so wichtigen Freiraums, neu zu bauen. Die Erweiterung des Landesmuseums ist ein Projekt von höchster symbolischer wie auch städtebaulicher Relevanz. Es steht in vielfacher und komplexer Abhängigkeit von Gustav Gulls Landesmuseum auf der einen – und vom ebenso kostbaren historischen Freiraum des Platzspitzes auf der anderen Seite. In diesem Umfeld muss der Neubau sich einerseits als eigenständige Setzung behaupten, ohne andererseits dem historischen Bau oder dem Park allzu viel wegzunehmen.

Der gross angelegte, internationale Architekturwettbewerb in den Jahren 2000 bis 2002 zeigte sehr unterschiedliche Herangehensweisen: Einige der prämierten Beiträge konzentrierten das Neubauvolumen im Eingangsbereich mit Blick auf den Hauptbahnhof und liessen den Park weitgehend unberührt. Doch sie wurden als zu wuchtig kritisiert, der historische Museumsbau wäre von ihrer Masse bedrängt worden. Mit Begeisterung entschied sich das Preisgericht stattdessen für das Siegerprojekt der damals noch ganz jungen und unbekannten Basler Architekten Emanuel Christ und Christoph Gantenbein, das mit gefalteten Dächern, verwinkelten Baumassen und weit in den Park ausgreifenden Flügeln die Architektur des historischen Museums in einer zeitgenössischen Sprache kongenial weiterführte und – dies beglückte besonders die Museumsleute – die beiden Flügel des Altbaus zu einem Rundgang verknüpfte. Nicht ein didaktisches Nebeneinander von Alt und

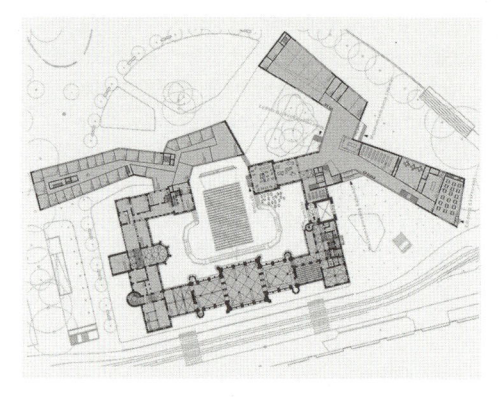

64, 65
Im Wettbewerb 2002 präsentierte sich das Siegerprojekt für die Erweiterung ganz anders als der realisierte Bau: Nach Westen und Osten greifen Neubauflügel aus, der Grundriss erinnert an einen Schmetterling. Mit Dachlukarnen und einer leichten Fassade sucht der Entwurf die Nähe zum Altbau.

Neu, sondern ein *Weitererzählen*, ein Weiterweben am bildhaften Altbau von Gustav Gull war das Thema dieses Entwurfs. Seine verspielte Geometrie, die verwinkelte Gruppierung frei geformter Volumen, wurde in jenen Jahren – die prismatische «Schweizer Kiste» herrschte noch unangefochten – als architektonischer Befreiungsschlag empfunden. Der Entwurf für das Landesmuseum war ein eigentlicher «Wurf», er hat die Schweizer Architektur verändert.

«Ein neues Ganzes soll entstehen ... spielerisch und intuitiv ... der Altbau soll auch nach der Erweiterung die Hauptrolle spielen ...» Die euphorische Würdigung der Jury – in der Vertreter der Denkmalpflege eine wichtige Stimme hatten – feierte das Zusammenspiel der Architekturen, die innere Verwandtschaft des Neubauprojekts mit dem Geist des Gull'schen Museums. Der Park als wichtigster Referenzraum wurde weniger beachtet. Immerhin versprach sich die Jury von der unregelmässigen Bewegung der Front, dem Faltwerk der Dächer und den ausgreifenden Flügeln des Wettbewerbsprojekts «eine neue architektonische Fassung des Parks».

Gestutzte Flügel

In die allgemeine Begeisterung mischte sich früh eine kritische Stimme. Roman Hollenstein opponierte in der NZZ («Burg oder Schloss?», 6. 9. 2002) gegen den Juryentscheid: Der Neubau mache das zum Park hin offene «Stadtschloss» des Museums zu einer geschlossenen «Burg» – in den Augen des Kritikers ein fundamentales Missverständnis: «Die Architektur Gustav Gulls und die Grünanlage bedingen einander: Mit seinem Ehrenhof dient das schlossartige Landesmuseum nämlich als Resonanzkörper des Platzspitzes, und im Park erst klingt die Architektur aus.»

Bis zur Realisierung des Neubaus war es ein weiter Weg: Während die denkmalpflegerische Instandsetzung der Altbauten relativ bald (2006) beginnen konnte, wurde um das Neubauprojekt viele Jahre gerungen. In einvernehmlichen Verhandlungen mit der eidgenössischen Kommission für Denkmalpflege und dem Schweizer Heimatschutz wurden dem Projekt, auch aus finanziellen Gründen, buchstäblich die Flügel gestutzt: Der neue West- und der Ostflügel wurden weggespart, es blieb die zentrale Klammer der Museumsräume, die als gezackter Bogen die beiden Flügel des Altbaus verbindet. Trotz dem Einvernehmen auf nationaler Ebene meldete sich lokaler Widerstand, und es kam zu teilweise äusserst gehässigen Debatten. Ein Rekurs des Zürcher Heimatschutzes und der Gesellschaft für Gartenpflege scheiterte; in den Abstimmungen über den städtischen und kantonalen Beitrag an den Neubau unterlagen die Opponenten 2010 und 2011. Damit war der Weg für den Neubau frei.

Schwere Baumassen und dramatische Innenräume

Nach dreijähriger Bauzeit ist der Erweiterungsbau Ende 2015 fertiggestellt und im Sommer 2016 eröffnet worden. In der Fortsetzung des Gewerbeschulflügels springt er zunächst als Eckturm bis hart an die Limmat vor und knickt dann zurück, um den Hof des Bestandesbaus einzufassen. Sein eigentliches Herz ist ein Aussenraum: Durch das Abrücken vom Gull-Bau bildet sich ein zweiter Innenhof, der sich mit der bestehenden «Cour d'honneur» verbindet und Alt und Neu in Beziehung setzt. Hier ist ein Raum von dramatischer Wirkung entstanden. Dem feingliedrigen Schlossbau von Gustav Gull antworten die mächtigen Volumina der Erweiterung. Ein dynamisches Hereinstürzen von schweren Baumassen und scharf gezogenen, schrägen Linien erzeugt hier enorme Spannung. Der Neubau überspringt als dreieckige Brücke den Zugang zum Hof und gibt einen weiten, bühnenbildartigen Blick in den Platzspitzpark frei, der an dieser Stelle mit dem Gull'schen Ehrenhof in Beziehung tritt.

Gulls erzählerische Architektur wird im Neubau mit vollkommen anderen Mitteln weitergeführt. An die Stelle von kleinteiligen Elementen, wie Leibungen, Gesimsen und Türmen, treten freilich grössere Gesten: die starke Bewegung der Volumen, die Schärfe der Kanten und Schnittlinien und die Wirkung des Materials – eines fast greifbar rauen, mit Hochdruck bearbeiteten Betons, dem Tuff beigefügt wurde, um seine Farbe an den Altbau anzugleichen.

Liess das Wettbewerbsprojekt von 2002 eine schmetterlingshafte Leichtigkeit der Erweiterung erwarten, so ist der realisierte Bau vielmehr durch die Wörter «Schwere» und «Kraft» zu beschreiben. Das Ausgreifen der Flügel in den Park ist gebändigt, und in dieser Bändigung liegt eine Spannung. Die fugenlose Aussenwand ist nur von sparsam gesetzten Gruppen runder Bullaugen durchbrochen, die scharfkantig in den Betonmantel gebohrt wurden, und durch die spitzwinklige Brücke, welche die Front zum Park aufreisst. Die fugenlose Verarbeitung des Betons – eine Meisterleistung der Ingenieurkonstruktion – ist wichtig für die Glaubwürdigkeit der schweren Wirkung. Sie entzieht dem Bau aber auch eine nachvollziehbare Massstäblichkeit.

Zum Park hin wirkt der Neubau trotz seiner starken Bewegtheit dunkel und fast stumm. Im Gegensatz zur Schwere des Baukörpers scheinen die metallischen Dachflächen wiederum fast zu leicht.

Der Haupteingang des Museums liegt neu im östlichen Flügel und damit viel besser sichtbar in der Mitte des Vorplatzes zur Stadt. Um das grosszügige Foyer zu erreichen, müssen Besucherinnen und Besucher zwar zunächst ein zu enges Vestibül durchqueren. Doch im Neubau herrscht ein grosser Massstab. Zentrales Thema der imposanten neuen Ausstellungsräume ist – wie schon bei Gull – ein szenografisch, das heisst mit den Mitteln des Theaters gestalteter Weg. Eine hohe Treppenkaskade ist zu bezwingen und vielfach geknickte, kavernenartige Ausstellungsräume sind zu durchschreiten. Der Zickzack des Gebäudes lässt den Besucher immer wieder gegen Wände laufen, verwehrt ihm die Sicht in die Tiefe, nur um sie ihm an der nächsten Ecke umso dramatischer zu öffnen. Die neuen Räume sind alles andere als «neutrale Boxen», wie sie für Kunstmuseen meist angestrebt werden – sie laden zum Darstellen dramatischer Geschichten geradezu ein. Wie im Jüdischen Museum in Berlin ist der Raum selbst schon eine machtvolle Erzählung. Es wird freilich nicht leicht sein, ihm mit den Mitteln der Szenografie Gleichwertiges entgegenzusetzen: Das gestalterische Grundgeräusch ist hoch – ebenso laut muss die Musik der künftigen Ausstellungen spielen.

Ein neuer Auftritt zur Stadt

Wie wird das neue Landesmuseum nun aber auf Fussgängerniveau mit dem bestehenden Park verknüpft? Vogt Landschaftsarchitekten hatten dabei sehr enge Spielräume. Ganz neu präsentiert sich nur der Eingangshof auf Bahnhofseite, der nicht als Teil des Parks, sondern als städtischer Vorraum interpretiert wird. Hier treffen erhebliche Fussgängerströme aufeinander, es versammeln sich Gruppen, es wird angeliefert, und wenige Meter weiter fahren Autos und Trams. Die Antwort ist ein fester, geschliffener Terrazzobelag mit grossen Kieseln, der an den Untergrund aus Sihlschotter erinnern soll. Den Platz begrenzen grüne Inseln mit Rasen, Bänken und einheimischen Baumarten. Entlang der Limmat wurden die grossen Kiesflächen wiederhergestellt und die Lände der Limmatboote erneuert. Die einstigen Parkplätze sind einem Veloparking gewichen. Fünf Kastanienbäume erinnern an die historische Baumreihe, die der Neubau mit seiner Nordostecke unterbricht.

An der entscheidenden Nahtstelle zwischen Neubau und Park blieben die zwei grossen Ginkgo-Bäume erhalten. Sie drängen sich nun dicht an die neuen Betonwände. Im Schatten der Brücke sorgt ein flacher Wasserspiegel für Reflexe auf dem Beton. Im neuen Ehrenhof selbst überspielt unter Schnurbäumen eine Rasenböschung mit Hecke die entstandenen Niveauunterschiede; sie läuft spiralförmig in einen Sandkasten für Kleinkinder aus. Ein versenkbares Tor schützt nachts den Ehrenhof und das Museum vor ungebetenen Besuchern, tagsüber soll es jedoch offen stehen, sodass der Hof Teil des Parkraums bleibt.

Nach mehr als 15-jähriger Planung, nach der Euphorie des Wettbewerbs, den Sparrunden und emotionalen Debatten ist der Neubau im Sommer 2016 eröffnet worden. Ein Gewinn ist er zweifellos für das Museum: Seine szenografischen Möglichkeiten haben sich vervielfacht und geben ihm die Chance, sich als kultureller Leuchtturm ganz neu zu erfinden. Ein Gewinn ist er auch für die Stadt, und die Schweizer Architektur hat schon mit dem Wettbewerbsprojekt 2002 neue Impulse empfangen.

Kraftwerk oder Bollwerk?

Für den Platzspitz als öffentlicher Freiraum sieht die Bilanz nicht ganz so gut aus. Er ist nicht nur kleiner geworden, sondern vor allem auch beengter und schattiger. Das einstige Wasserbecken zu Füssen der Magnolienbäume ist verschwunden – und damit viel von der räumlichen Tiefe des Parks – nicht zuletzt auch der zuvor sonnigste und daher beliebteste Aufenthaltsort. Die Verantwortlichen des Landesmuseums werden zwar nicht müde zu betonen, dass nur eine minimale Fläche neu überbaut worden ist. Das stimmt; der Park hat wenig Fläche verloren – jedoch durchaus nicht wenig Raum: Der Neubau stellt sich dem Blick in den Weg, bricht die Perspektive, er wirkt massiv, schwer – und auch ein wenig feindselig: Eine dunkle Masse dringt dem Besucher entgegen, die an die Bollwerke historischer Stadtbefestigungen erinnert. Mit seinen fast fensterlosen, ungegliederten Wänden wirkt der Neubau zwar kraftvoll, aber auch fern dem menschlichen Massstab und stumm gegenüber dem Park. Seine bewegte Sprache erschliesst sich erst in der Nahsicht und im physischen Raumerleben – im Inneren und im Hof.

Durchaus als Gewinn kann dagegen die Einschnürung am Eingang zum Park gewertet werden, wo der Neubau nahe ans Limmatufer heranrückt. Sie wirkt wie ein Tor. Die Engstelle fasst den stillen Raum des Platzspitzes klarer und schützt ihn vor dem Lärm des Verkehrs. Dass die historische Reihe von Kastanienbäumen dadurch unterbrochen wurde, mag aus fachlicher Sicht zu bedauern sein, die meisten Besucherinnen und Besucher werden davon jedoch nichts merken.

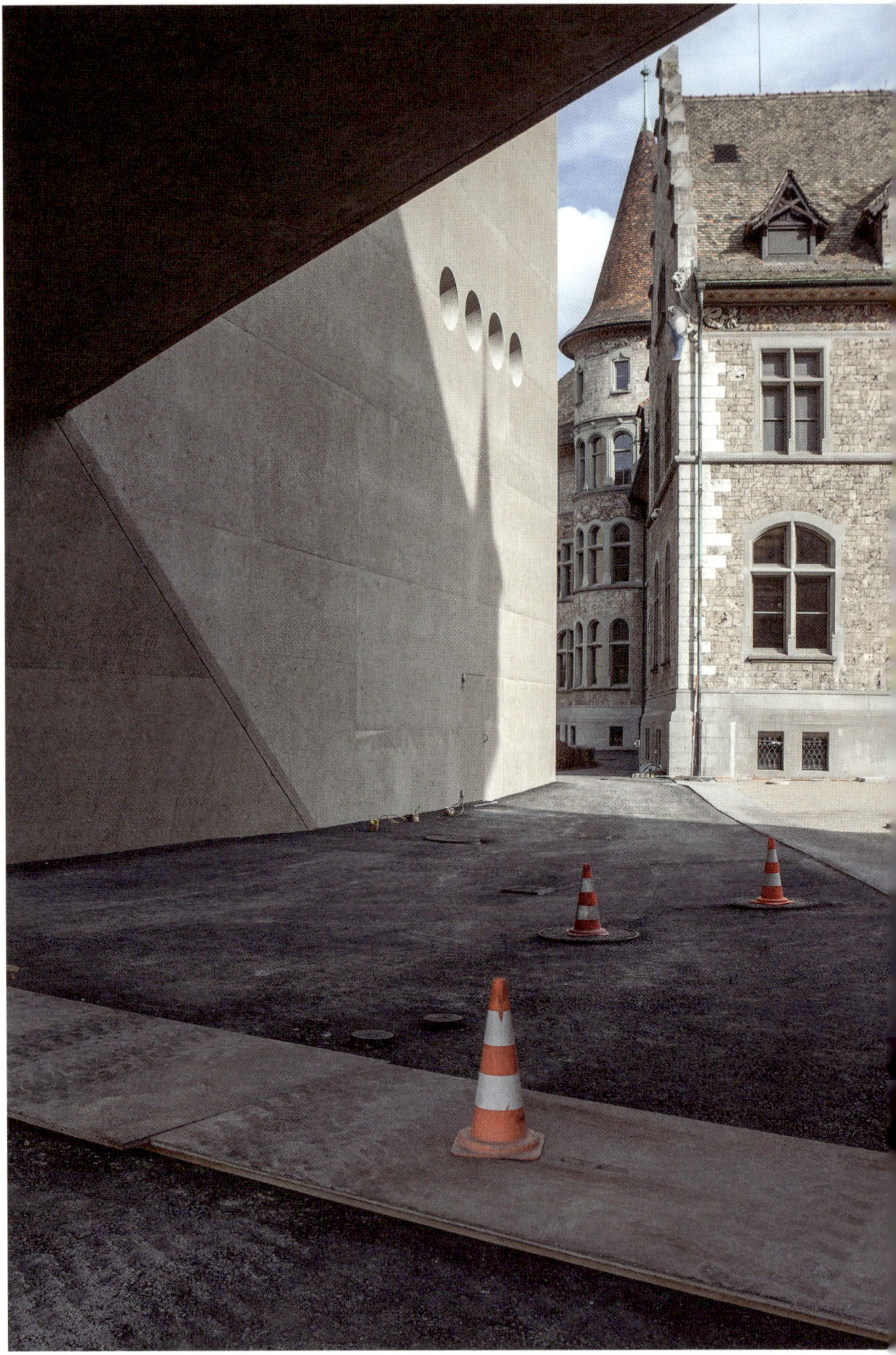

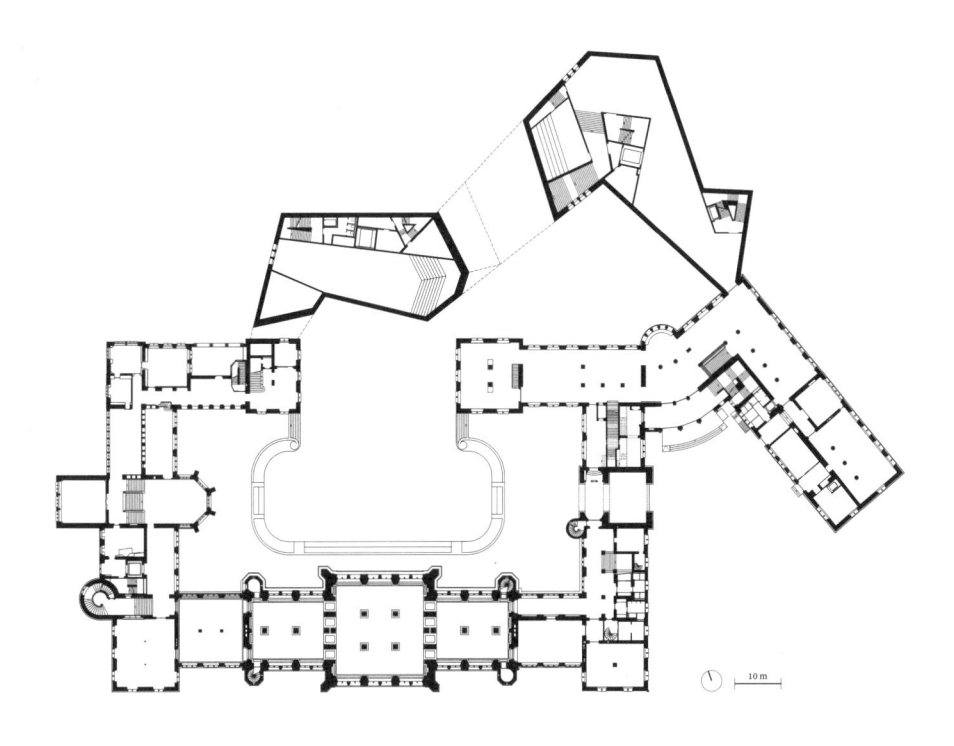

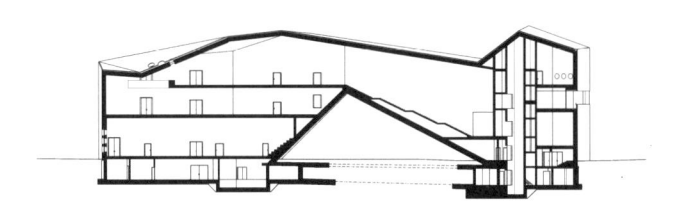

66
Der Neubau verbindet im Zickzak die Flügel
des bestehenden Museums. Der Eingang liegt neu
in der Mitte des Vorplatzes, und der Parcours
führt über die lange Treppe in die Höhe. Der
Längsschnitt zeigt die Brücke über den Innenhof
und die mächtige Kaskadentreppe.

Wonderland

Jede bisher von mir gestreifte Bauwand wies meinen Blick zurück oder gestattete mir einzig die bei Pensionären so beliebte Einsicht in eine klaffende Baugrube. Scheinbare Öffnungen fand ich sonst nur auf Plakatwänden, welche Orte unserer banalsten Sehnsüchte spiegeln, an der meine Wirklichkeit dann doch ihren Kopf stiess.

Die Bauwand um das Landesmuseum hingegen, so unüberwindbar sie auch schien, bezauberte mich jedes Mal, wenn ich ihr entlang ging. Die gelb bemalten Abschrankungen waren mit wandhohen Fotografien von Objekten aus der Sammlung des Landesmuseums beklebt, meisterlich die Abbildungsqualität dieser Reproduktionen. Diese Fotografien überraschten mich, schienen fassbar und lebendig, schlugen dazu auch Brücken von der Vergangenheit in unsere urbane Gegenwart, vom Heimatland zum Wonderland.

Jugendliche markierten wie streunende Wölfe diese Flächen mit ihren Zeichen und Farben, traten so in einen codierten Dialog zu den historischen Objekten. Auch das Wetter trat mit nassen oder erdigen Stiefeln gegen die Wand, während der Zufall schmunzelnd Bezüge herstellte zwischen dem Areal und den Objekt-Fotografien.

Giorgio von Arb, Zürich, April 2016

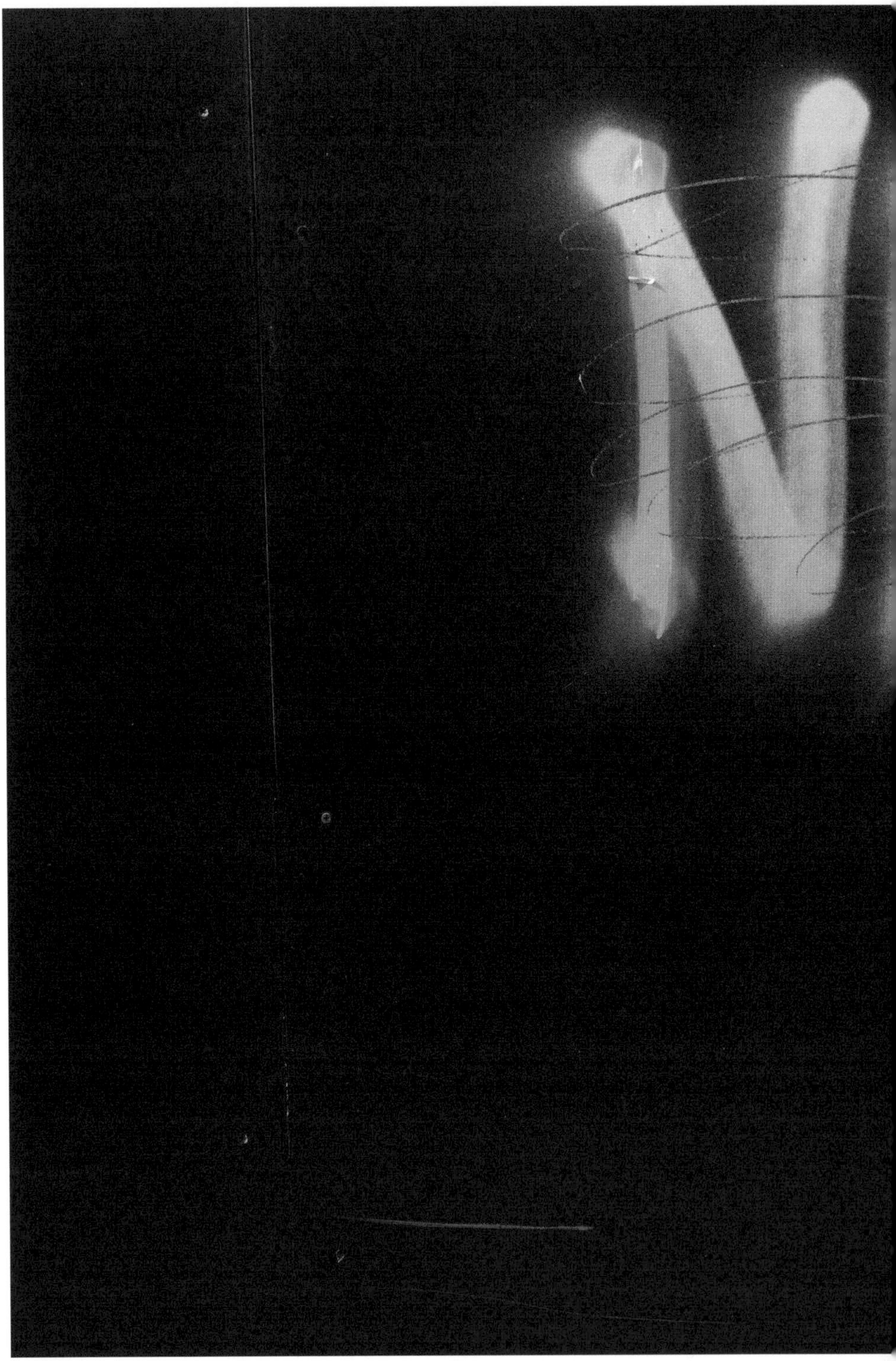
N

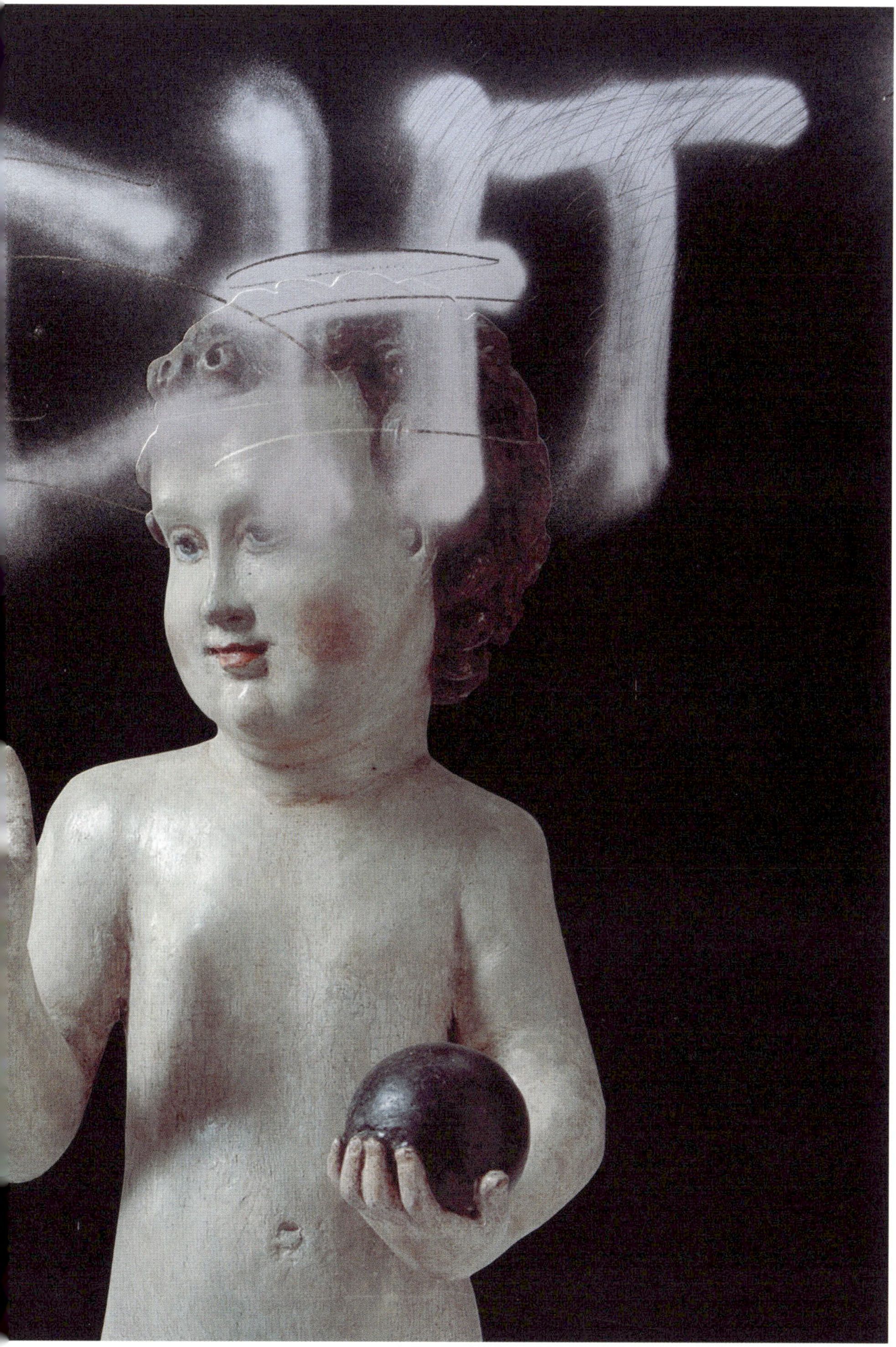

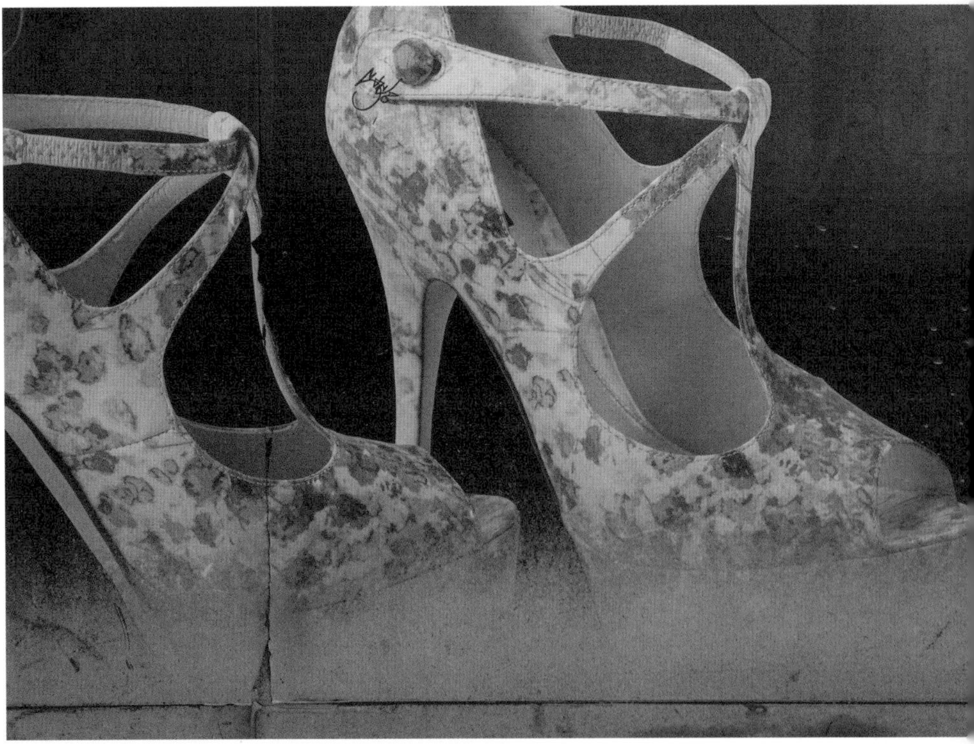

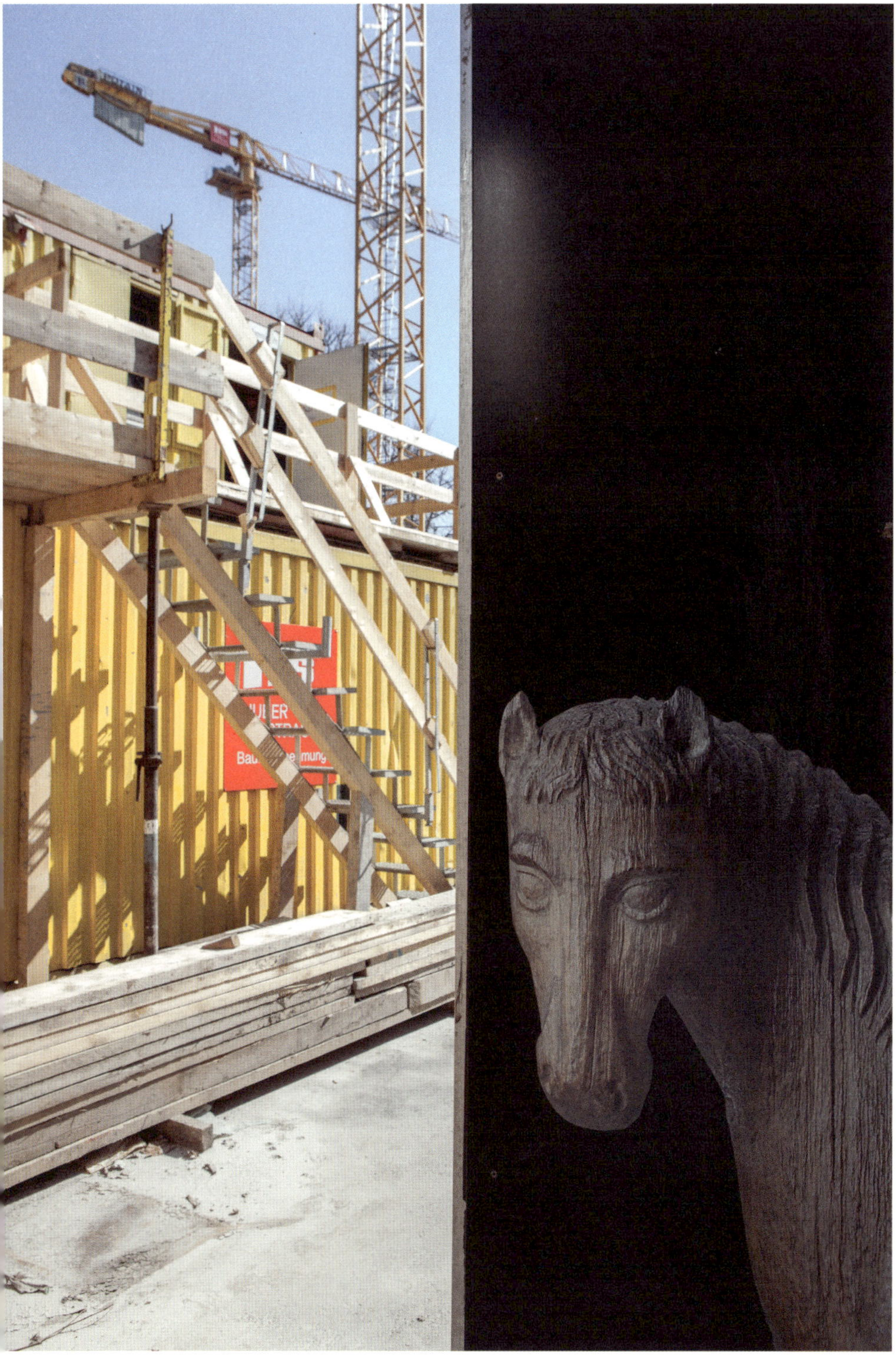

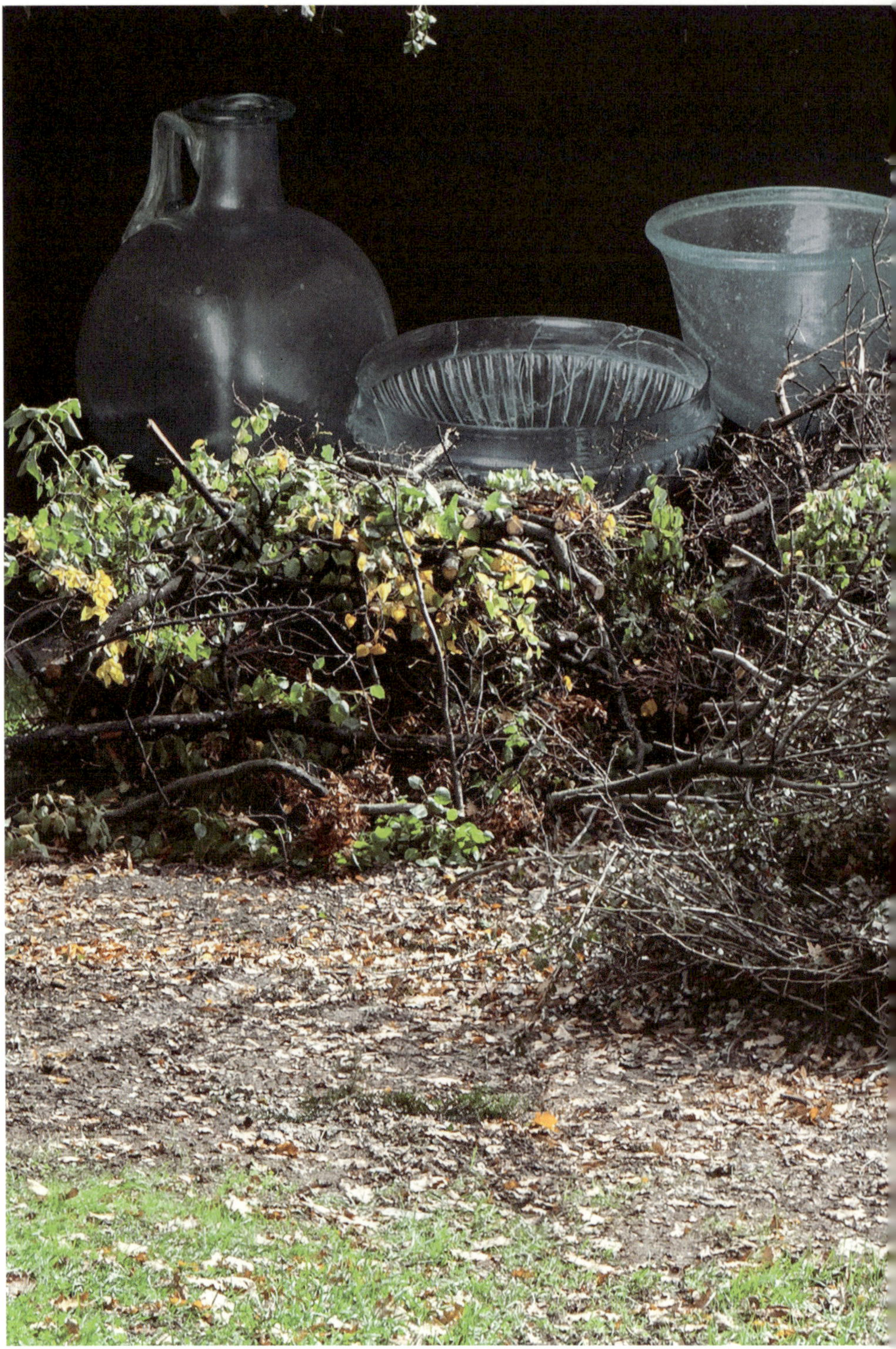

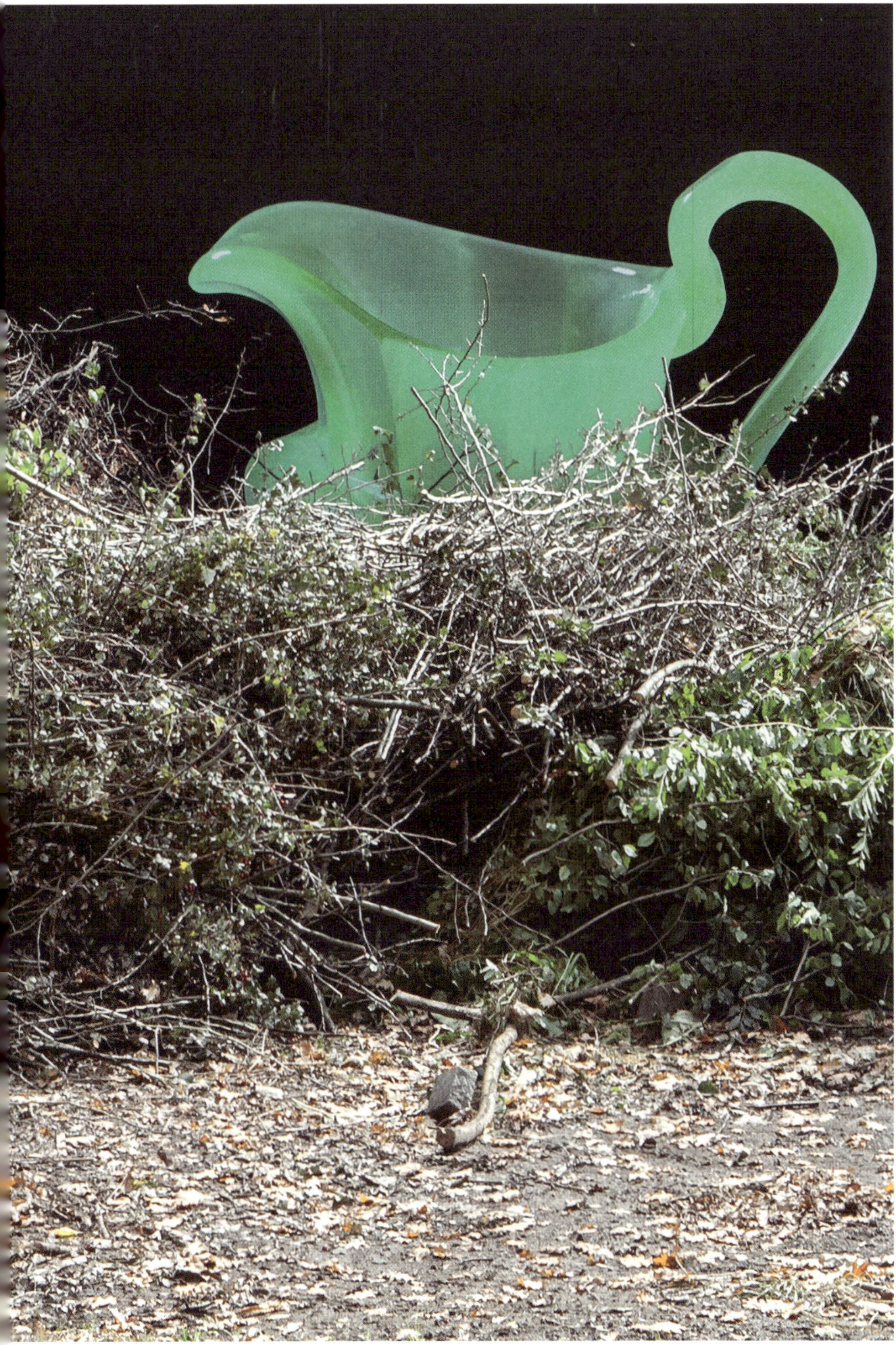

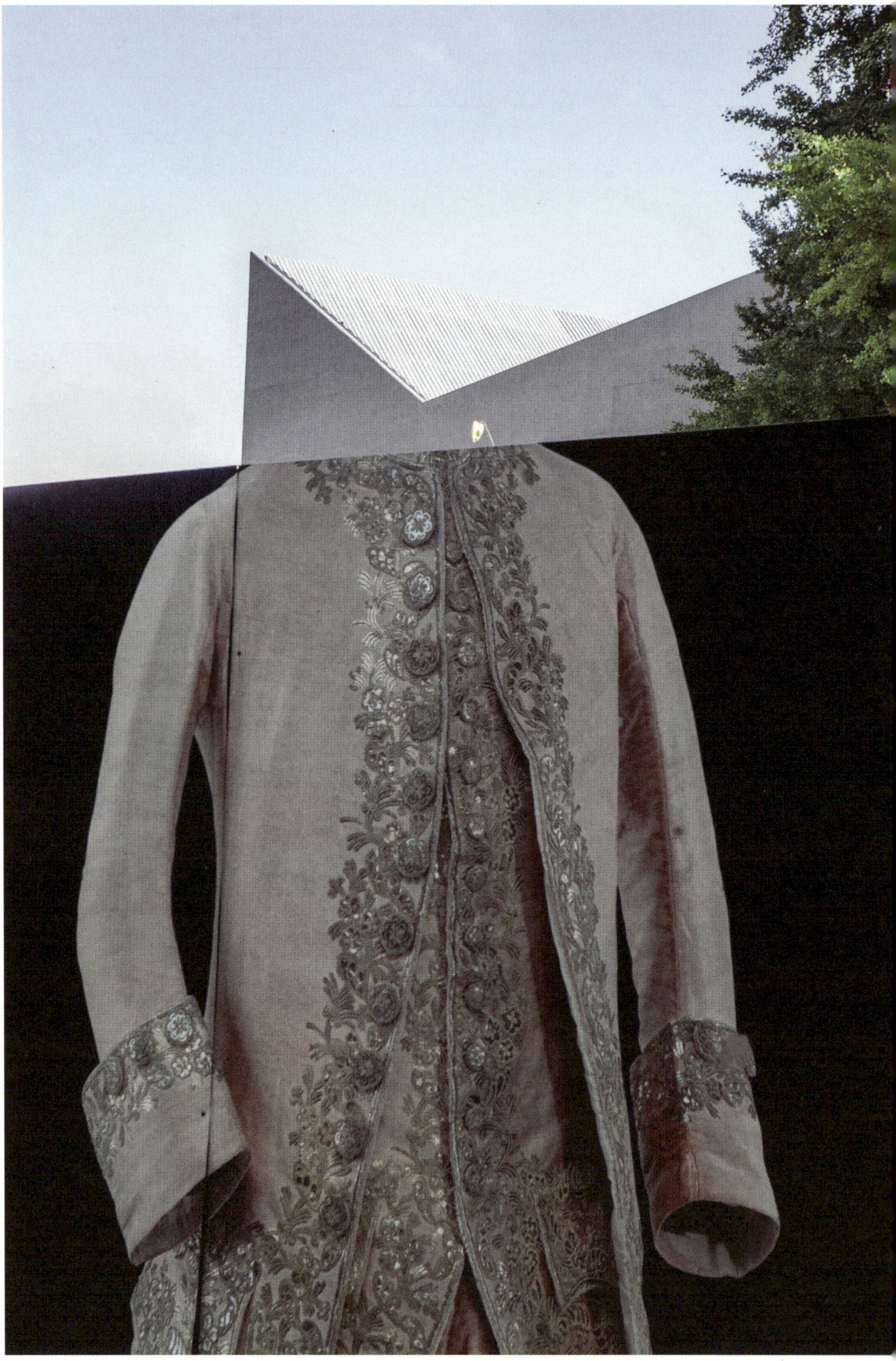

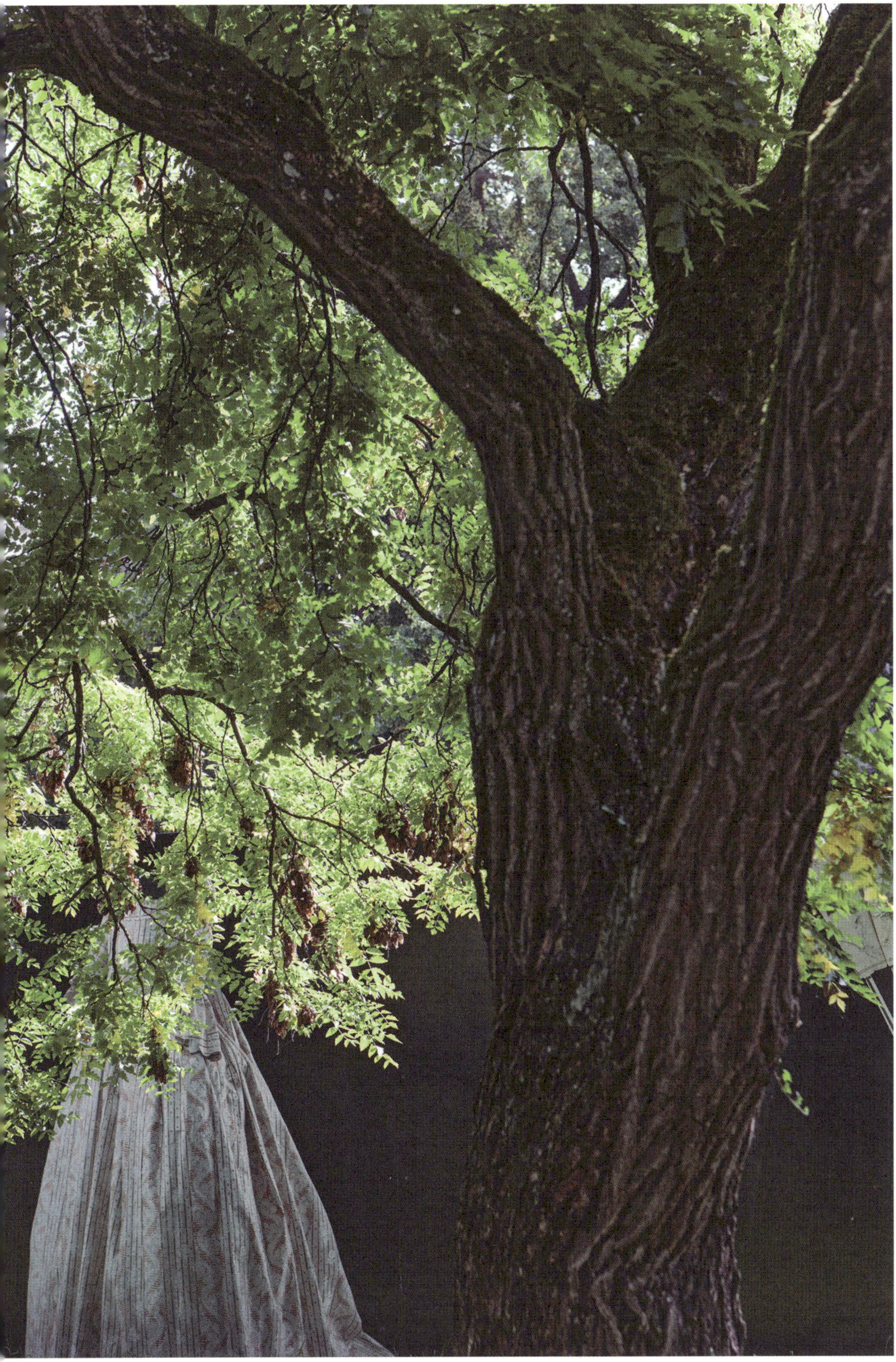

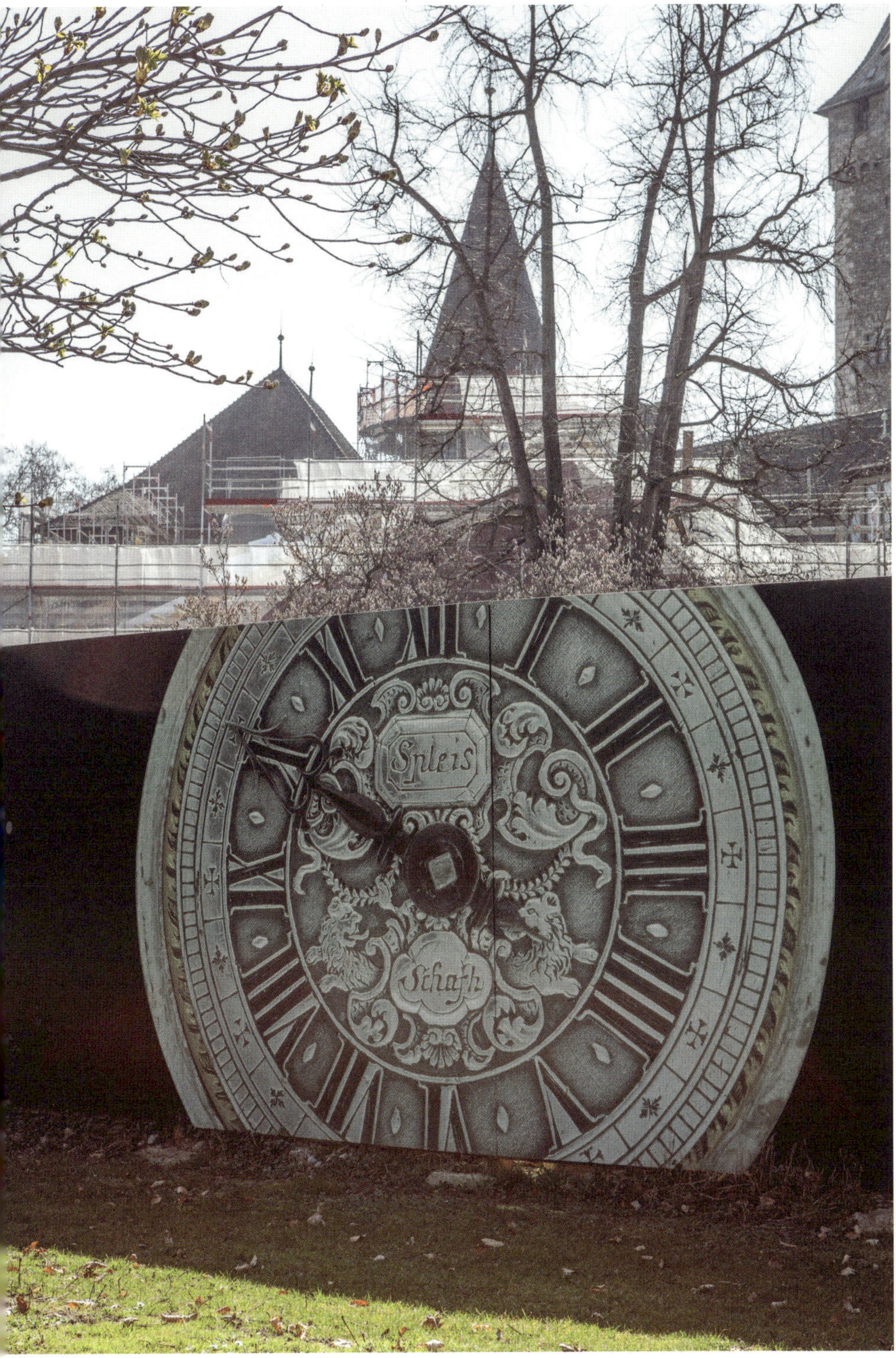
Spleis
Schafh

Anhang

Die Autoren

Adi Kälin (*1959) ist in Küssnacht SZ aufgewachsen. Nach dem Geschichtsstudium in Zürich hat er bei verschiedenen Schweizer Tageszeitungen gearbeitet, unter anderem längere Zeit beim Zürcher *Tages-Anzeiger*. Seit 2008 ist er Redaktor der *Neuen Zürcher Zeitung*. Buchpublikationen unter anderem: *Rigi – mehr als ein Berg*, 2012, *Säntis – Berg mit bewegter Geschichte*, 2015.

Judith Rohrer (*1961) studierte Landschaftsarchitektur in Rapperswil bei Dieter Kienast und arbeitete mehrere Jahre als Objektplanerin in verschiedenen Büros. Nach einem Nachdiplomstudium ist sie seit 1990 Gartendenkmalpflegerin der Stadt Zürich und war am Aufbau dieser in der Schweiz noch immer einzigen Fachstelle massgebend beteiligt. Mit der Platzspitz-Anlage befasst sie sich seit 1992. Die Restaurierung nach der Drogenszene wie auch den Museumsneubau hat sie fachlich eng begleitet.

Daniel Kurz (*1957) ist Chefredaktor der Schweizer Architekturzeitschrift *werk, bauen + wohnen*. Er studierte Sozial- und Wirtschaftsgeschichte an der Universität Zürich, forschte an der ETH und Universität und war dann bei der Stadt Zürich zunächst als Mitarbeiter der Denkmalpflege, dann als Verantwortlicher für Publikationen und Ausstellungen beim Amt für Hochbauten tätig. 2008 erschien seine Dissertation *Die Disziplinierung der Stadt. Moderner Städtebau in Zürich 1900 bis 1940*.

Giorgio von Arb (*1952), absolvierte von 1977 bis 1982 die Ausbildung zum Fotografen an der Schule für Gestaltung Zürich, wo er anschliessend während 20 Jahren unterrichtete. Mehrfach ausgezeichneter freier Fotograf mit Schwergewicht Porträt, Dokumentationen, Magazinjournalismus. 1989 Mitbegründer der Ateliergemeinschaft Kontrast. Programmleiter Fotografie am Bau ab 1996. Zahlreiche Einzel- und Gruppenausstellungen sowie Buchpublikationen und Bildreportagen in Tageszeitungen und Zeitschriften in der Schweiz und Deutschland.

Bildnachweise

Titel – Blick vom Dach des Zürich Marriott Hotels limmataufwärts, Frühling 2016, Foto: Giorgio von Arb, Bildarchiv GSZ
Vorsatz – Zeitraffer über hundert Jahre. Einzelheiten siehe Abb. 15, 26, 28, 32, 39.
Seiten 7 bis 15 – Platzspitz, Frühling 2016. Foto: Giorgio von Arb, Bildarchiv GSZ
Abb. 1 – James Joyce auf dem Platzspitz, 1938. Foto: Carola Giedion-Welcker. Zurich James Joyce Foundation
Abb. 2 – *Platzpromenade in Zürich*, [um 1870]. Holzstich: Huber gez. [Kaspar Ulrich Huber?]; Knesing X. A. Bild 17,2 x 25 cm, Blatt 21 x 30 cm. Bildarchiv GSZ
Abb. 3 – *Zürich Unterstrass*. Verlag F. Kerber, Zürich IV. Ansichtskarte, Poststempel 12.9.1903, Bildarchiv GSZ
Abb. 4 – *Heil dir du Industriequartier…* [vor 1907]. Verschönerungsverein Industriequartier, Ansichtskarte, Fotomontage mit Spottgedicht. Bildarchiv GSZ. Die neue Zollbrücke wurde 1907 gebaut.
Abb. 5 – *Wasserwerk Zürich. Einlauf in den Canal beim Drathschmidli*, Farblithographie. Ausschnitt aus dem Züricher Kalender 1878, J. J. Hofer. BAZ. Die Drahtseiltransmission stammt aus dem Jahr 1875.
Seiten 26/27 – Der Platzspitz Anfang des 19. Jahrhunderts. Aquarell: Franz Schmid (1796–1851), abgebildet in: *Züricher Wochenchronik*, 1910, S. 268. ZB, Graph. Slg. u. Fotoarch.
Abb. 6 – Das «Schützenhuß» im Murerplan von 1576, Ausschnitt. Holzschnitt: Jos Murer (1530–1580). Aus: *Der uralten wytbekannten Statt Zurych gestalt und gelaegenhait … durch Christoffel Froschaower … getruckt / Im M.D.LXXVI. Jar*. Repro: Stadt Zürich, Geomatik+Vermessung; siebenteiliger Originaldruckstock im Staatsarchiv Zürich
Abb. 7 – Zerleite Linden und das alte Schützenhaus, rekonstruierende Darstellung [um 1900] vermutlich auf der Grundlage einer kolorierten Aquatinta von Paul Julius Arter aus dessen *Sammlung Zürcher'scher Alterthümer*, einer Tafelserie erschienen zwischen 1831 und 1835. Bild 7,5 x 11,5 cm. Quelle unbekannt, [s.n., s.l., s.d.] ZB, Graph. Slg. u. Fotoarch., K3, Schützenhaus I, 2. Abgebildet in: Escher, Conrad: *Die ältern städtischen Promenaden, 4. Die Platzpromenade. Zürcher Wochen-Chronik*, Nr. 25, 18.6.1910, S. 221–3
Abb. 8 – Planvedute der Stadt Zürich, [um 1738], Ausschnitt. Manuskriptkarte, Bleistift, Tusche und Aquarell, ursprünglich auf 8 Bl.: Johann Caspar Ulinger (1704–1768). Massstabsleiste: Schuh, ca. 1:1400, 101 x 143 cm. ZB, Graph. Slg. u. Fotoarch., e-manuscripta.ch/doi/10.7891/e- manuscripta-17871
Abb. 9 – Stadtansicht von Südwesten, 1772, Ausschnitt. Stich von Johann Jakob Hofmann (1730–1772). ZB, Graph. Slg. u. Fotoarch.
Abb. 10 – *Militärische Übung des Pförtnerkollegiums*, Kupferstich: Johann Rudolf Holzhalb (1723–1806). In: *Neujahrsgeschenk der Militärischen Gesellschaft der Pförtner*, 1757.
Abb. 11 – *Der Knabenschiesset oder am Zielschiessen nach den Hundstagen zu singen*, Kupferstich: Johann Heinrich Meyer (1760–1832). Titelbild von: *National-Kinderlieder für die Zürcher'sche Jugend*, 11. Stük. Zürich, gedrukt bey David Bürkli, 1794. ZB, Graph. Slg. u. Fotoarch., K3, Schützenplatz I, 11
Abb. 12 – *Prospect der Stadt Zürich von der Mitternachtseiten …*, gezeichnet nach der Natur von J[ohann] J[acob] Koller (1746–1805), gegraben von J[ohann] R[udolf] Holzhalb (1723–1806), Radierung / Kupferstich, koloriert, Bild 29 x 52,5 cm, Blatt 42 x 59,2 cm, Zürich, Verlag Johanes Hofmeisters, 1781. ZB, Graph. Slg. u. Fotoarch., e-rara.ch/zuz/doi/10.3931/e-rara-37916
Abb. 13 – Promenade im Platzspitz, [um 1815]. Ölbild von Johann Caspar Rahn (1769–1848), Privatbesitz. Repro: BAZ
Abb. 14 – *Neües Pavillon im Schüzenplaz*, [um 1782], Ausschnitt. Radierung: Heinrich Pfenninger (1677–1736) zugeschrieben. Bild 15,4 x 20,3 cm, Blatt 17 x 20,3 cm. ZB, Graph. Slg. u. Fotoarch., e-rara.ch/zuz/doi/10.3931/e-rara-41888
Abb. 15 – *Geometrischer Plan des Schüzen Plazes in Zürich*, 1786, Papier auf Leinwand, Bleistift, Tusche, koloriert: Johann Feer, 54 x 138 cm. SAR
Abb. 16 – Der «Schüzen-Plaz», Ausschnitt aus: *Grund-Riss der Stadt Zürich mit Innbegriff dess um die Stadt und derselben Vestungs-Werke liegenden Stadt-Banns … gezeichnet in den Jahren 1788 bis 1793 von Ingenieur Johannes Müller (1733–1816)*. Manuskriptkarte, kolorierte Zeichnung, Massstab 1:916. *Der Zürcher Stadtplan von 1788–1793*. Konzept: Thomas Kuske, Jonas Zellweger, hrsg. in Zusammenarb. mit der Stadt Zürich. Zürich: Verlag Mathieu, 2000, Interaktive DVD
Abb. 17 – Pavillon im Platzspitz, Lithographie von Johann Jakob Hofer (1828–1892) nach einem Gemälde von Johann Heinrich Wüest (1741–1821). BAZ
Abb. 18 – *Promenade auf dem Schützenplatze bey Zürich*, Kupferstich: Franz Nikolaus König (1765–1832), Bild 8,3 x 12,8 cm. Aus: *Helvetischer Almanach*, 1803. Bildarchiv GSZ
Abb. 19 – *Salomon Gessners Denkmal bey Zürich*. Radierung, koloriert 1805 von Karl Wilhelm Kolbe (1757–1835), nach einem Aquarell 1802 von Johannes Senn (1780–1861), Bild 31,5 x 24 cm. BAZ
Abb. 20 – *Le Monument de Sal: Gessner à Zurich*, 1831. Abb. Nr. 7 in: *Promenade pittoresque par les lieux les plus intéressants de la Suisse et des pays limitrophes, … dessinées et gravées par C. Bodmer, S. Corrodi & R. Bodmer*. Zurich chez F. S. Fussli, 1831. Aquatinta, koloriert, Bild 5,3 x 7,5 cm, Bildarchiv GSZ
Abb. 21 – *Der Limmathspitz*, Kupferstich: Johann Rudolf Schellenberg (1740–1806). Titelbild von: *Neujahrsgeschenk ab dem Musiksaal an die Zürchersche Jugend auf das Jahr 1788, Zürcher Gegenden*, 5. Stück. Bild 10 x 16,7 cm. ZB, Graph. Slg. u. Fotoarch., K3, Platzpromenade I, 3
Abb. 22 – *Vue de Zuric avec le chemin de fer*, 1847, Ausschnitt. Kupferstich: Lukas Weber (1811–1858). ZB, Graph. Slg. u. Fotoarch.
Abb. 23 – *Partie de la promenade Gessner*, [1835?], Lithographie: Caspar Studer (1798–1868). Aus: *Souvenir de Zuric et ses environs*, publié par F. S. Füessli successeur de Keller et Füessli, lith. de C. Studer de Winterthour [s.d.]. Bildarchiv GSZ. e-rara.ch/zuz/id/5486528
Abb. 24 – *Malerischer Plan der Stadt Zürich und ihrer Umgebungen*, Ausschnitt, dessiné par F. Schmid, gravé par Appert de Paris, hrsg. von H[ans] F[elix] Leuthold in Zürich. Aquatinta: Franz Schmid (1796–1851). Vogelschaukarte, schwarzweiss, 48 x 71 cm, 2. Zustand, mit aller Schrift, Bau-

zustand 1847, Massstab ca. 1:5000. ZB, Kartenslg.
Abb. 25 – *Zurich, Vue prise au dessus de la platz,* Ausschnitt. Dess. par J. Arnout, lith. par Muller. Paris, Dusacq et Cie. [zw. 1864 und 1870]. Farblithographie von Louis-Jules Arnout (1814–1868), Bild 28,7 x 43,9 cm, Blatt 39 x 55,9 cm. ZB, Graph. Slg. u. Fotoarch., e-rara.ch/zuz/doi/10.3931/e-rara-38430
Abb. 26 – *Zürich um 1860,* Ausschnitt. Zeichner: H. Griesel (1943), Massstab 1:2500, hrsg. vom Baugeschichtlichen Archiv und vom Vermessungsamt der Stadt Zürich, 1988. Manuskriptkarte, koloriert, 102 x 72 cm. SAR, stadt-zuerich.ch/kartenportal; data.stadt-zuerich.ch/dataset/stadtplan-1860
Abb. 27 – *Project zur Umgestaltung der Platzspitz-Anlage Zürich,* September 1867. Manuskriptplan, kolorierte Zeichnung: Rudolf Blattner, Massstab 1:500, 63 x 100 cm. SAR
Abb. 28 – *Plan der Stadt Zürich nach Breitinger,* Ausschnitt. Durch das topographische Bureau der Stadt Zürich vervollständigt mit Angabe der neuen Hausnummern; autographirt von H[einrich] Weiss-Keiser, Ausschnitt. 3. Auflage, Druck von J. J. Hofer in Zürich 1874, Massstab 1:3333, 53 x 64 cm. ZB, Kartenslg., e-rara.ch/doi/10.3931/e-rara-28336
Abb. 29 – *Das Gessner-Denkmal in der Platzpromenade ...,* Ausschnitt. Holzstich: A. Bonamore; Barberis. In: *Offizielle Zeitung der Schweizerischen Landes-Ausstellung,* No. 11/12, 1.5.1883, S. 107. ZB, Graph. Slg. u. Fotoarch.
Abb. 30 – *Musikpavillon,* 1883. Foto: Romedo Guler (1836–1909), BAZ
Abb. 31 – *Zur Erinnerung an die Schweizerische Landesausstellung, Zürich 1883.* Farblithographie: E. Conrad; Lith. Genossenschaft, Aussersihl b. Zürich. Bild 46 x 68,5 cm, Blatt 59 x 81,5 cm. ZB, Graph. Slg. u. Fotoarch.
Abb. 32 – *Einziger offizieller Plan der Schweiz. Landes-Ausstellung,* Zürich, Hofer & Burger, 1883. Massstab 1:1500, 20 x 56 cm. ZB, Kartenslg., e-rara.ch/doi/10.3931/e-rara-28458
Abb. 33 – *Conditorei-Pavillon.* Aus: *Bericht über die Verwaltung der Schweizerischen Landesausstellung Zürich 1883,* Zürich 1884, Tafel 18
Abb. 34 – *Alkoholfreies Restaurant Platzpromenade,* Ernst Linck, Phot., Zürich. Ansichtskarte, Sepiaton, [s.d.]. Bildarchiv GSZ
Abb. 35 – *Aquarium,* Eingang zur Grotte mit dem Aquarium, 1883. Foto: Romedo Guler (1836–1909). BAZ
Abb. 36 – *Platzpromenade zwischen Fontaine und Musikpavillon.* Foto: Breitinger, 7. April 1890. SAR
Abb. 37 – *Project für Erweiterung der Platzpromenade,* Mai 1884. Manuskriptplan, Zeichnung, koloriert, Massstab 1:1000, 79 x 58 cm. BAZ
Abb. 38 – *Übersichtsplan der Stadt Zürich,* 1894, Blatt 16 (Ausschnitt), Massstab 1:2500. BAZ
Abb. 39 – *Übersichtsplan der Stadt Zürich,* 1899, Blatt 16 (Ausschnitt), Massstab 1:2500. BAZ
Abb. 40 – *Zürich, Schweiz. Landesmuseum.* Edition Photoglob Co. Ansichtskarte, Poststempel 12.8.1910. Bildarchiv GSZ
Abb. 41 – *Zürich, Platzpromenade.* Ansichtskarte, Poststempel 12.2.1905. Bildarchiv GSZ
Abb. 42 – *Denkmal Johannes Hadlaub* (1884) von Viktor von Meyenberg (1834–1893). Foto, BAZ
Abb. 43 – *Landesmuseum Zürich.* Ansichtskarte, [s.d.]. Bildarchiv GSZ
Abb. 44 – *Landesmuseum, Westseite,* Ausschnitt. Foto vom 18.3.1902, BAZ
Abb. 45 – Bau der Walchebrücke, Foto: Tiefbauamt der Stadt Zürich, 28.2.1913. BAZ
Abb. 46 – *Zürich, Salomon Gessner-Denkmal.* Verlag Wilhelm Pleyer, Zürich, [s.d.]. Ansichtskarte, Sepiaton. Bildarchiv GSZ
Abb. 47 – Hirschenbrunnen (1912) des Bildhauers Franz Wanger (1880–1945), Foto: Tiefbauamt der Stadt Zürich, 25.1.1913, Abzug in Sepiaton. BAZ
Abb. 48 – Notwohnungen im Platzspitz, 1948. Foto, BAZ
Abb. 49 – Sirenenbrunnen (1955) von Robert Lienhard (1919–1989), Foto: Rolf Bichsel, [um 1960]. Stadt Zürich, Tiefbauamt, Bildarchiv Kunst im öffentlichen Raum
Abb. 50 – *Züri Park,* Entwurf: Ingenieurbüro Intamin AG, 20. April 1978, H. R. Riesen, Planung + Gestaltung: H[arry] Stammler. Projektstudie, abgebildet in: Tages-Anzeiger Magazin; Nr. 7, 17.2.1979, S. 20-21
Abb. 51 – Planung Sihlraum, November 1968, Arbeitsausschuss von Kanton und Stadt Zürich, Stadtplanungsamt
Abb. 52 – Morgengrauen im Platzspitz, Januar 1990. Foto: Tom Kawara
Abb. 53/54 – Platzspitz im Frühling 1992, Foto: E. Suter. Bildarchiv GSZ
Abb. 55 – Neugepflanzte bogenförmige Kastanienreihe, Foto: Judith Rohrer. Bildarchiv GSZ
Abb. 56 – Rockkonzert im Platzspitz, Sommer 1993, Foto: Maja Burkhard
Abb. 57 – Spielende Kinder auf dem Spielplatz im Platzspitz, Foto: Giorgio von Arb. Bildarchiv GSZ
Abb. 58 – Projektplan mit Alleen-Entwicklungskonzept, 1993. Bildarchiv GSZ
Abb. 59 – Pavillon im Platzspitz, Luftaufnahme (Drohne), senkrecht, Stadt Zürich, Geomatik+Vermessung/ Christian Lanz. 13. April 2016. Bildarchiv GSZ
Abb. 60 – Foto: Giorgio von Arb, Bildarchiv GSZ
Abb. 61 bis 63 – Foto: Giorgio von Arb, Herbst 2015, Bildarchiv GSZ
Seiten 105/106 – Foto: Giorgio von Arb, Frühling 2016. Bildarchiv GSZ
Abb. 64/65 – Projektwettbewerb Sanierung und Erweiterung Schweizerisches Landesmuseum Zürich. Jurybericht. Bern: Bundesamt für Bauten und Logistik, 2002, S. 25; 28
Seite 112 – Foto: Giorgio von Arb, Frühling 2016. Bildarchiv GSZ
Abb. 66 – Grundriss und Querschnitt des Erweiterungsbaus des Schweizerischen Landesmuseums. Christ & Gantenbein, Basel
Seiten 116 bis 125 – Die Bauwand, Fotos: Giorgio von Arb, Bildarchiv GSZ
Nachsatz – Der Platzspitz 2016. Geodaten, © GIS-ZH

Akronyme
BAZ – Stadt Zürich, Baugeschichtliches Archiv
GSZ – Stadt Zürich, Grün Stadt Zürich
SAR – Stadt Zürich, Stadtarchiv
ZB – Zentralbibliothek Zürich

Sihl

Limmat

a
b
c
d

1
2
3
4
5
6
7
8
9
10
11
12
13
14
15
16
17
18